Des fleurs
en enfer

Du même auteur :

François d'Assise, Mame, 1993.

Foi dite en passant, Presses de la Renaissance, 1997.

LUC ADRIAN

Des fleurs en enfer

Fioretti du Bronx

Presses de la Renaissance

Ouvrage réalisé
sous la direction éditoriale d'Alain Noël

Les photographies ont été prises par Luc Adrian
au cours de trois séjours dans le Bronx.

Si vous souhaitez être tenu(e)
au courant de nos publications,
envoyez vos nom et adresse, en citant ce livre,
aux Éditions des Presses de la Renaissance,
12, avenue d'Italie, 75013 Paris.
Et, pour le Canada,
à Havas Services,

Contactez notre site Internet :
www.presses-renaissance.fr

ISBN 2.85616.725.X

« La pauvreté ne consiste pas à aider les pauvres mais à être pauvre. »

Carlo CARETTO

« Ne laissez personne venir à vous et repartir sans être plus heureux. »

Mère TERESA

« Dieu : on ne le connaît vraiment qu'après l'avoir reconnu dans ce qui lui ressemble le moins. »

Gustave THIBON

Avertissement

La fraternité des Franciscains du Renouveau dont il est question dans cet ouvrage est née en 1987 lorsque huit capucins décidèrent de quitter leur propre communauté pour embrasser une vie évangélique plus radicale et plus conforme à la règle primitive de leur fondateur, saint François d'Assise.

La traduction française de leur nom – Franciscan Friars of the Renewal – peut prêter à confusion. Le terme de Renouveau signifie pour ces frères l'appel à retrouver les idéaux, l'esprit et les exigences qui furent ceux de la réforme capucine du début du XVIe siècle, à laquelle ils se rattachent.

Le regard porté au fil de ces pages sur cette communauté n'engage que l'auteur. Certains patronymes et noms de lieux ont été modifiés pour préserver l'anonymat des personnes ; plusieurs scènes sont reconstituées d'après des témoignages.

Nous avons conservé les termes américains de *shelter* (foyer d'accueil), *homeless* (sans-abri), *cops* (policiers), *precinct* (circonscription, commissariat), *brother* (frère). Que les lecteurs ne nous en tiennent pas rigueur.

« Pour beaucoup d'enfants, nous sommes les seuls adultes sur lesquels ils peuvent s'appuyer, dit frère Martin de Porrès. Leur père est parti, ou en prison ; leur mère se drogue. Eux jouent et rient, et nous avec eux. »

Prologue

Demain, je quitterai New York.

Une dernière fois, ce soir d'été, je grimpe l'escalier de secours qui barre d'une cicatrice noire la façade de la fraternité Saint-Crispin. Les marches de métal sont brûlantes.

Nous ne sommes qu'en juin mais la canicule est plus accablante chaque jour. Elle s'attarde la nuit, colle à la peau. La sueur perle au moindre geste. L'air est gluant.

La ville bout. Une haleine âcre de goudron chaud monte de son ventre.

Je débouche au sommet des six étages. Le toit du building est une terrasse carrée et nue dont chaque arête mesure une vingtaine de mètres. Son isolation d'aluminium scintille comme un tapis de gemmes.

La plate-forme surplombe le quartier de Melrose dans le South Bronx. Cette agglomération, autrefois cossue, n'a mérité sa réputation de ghetto que dans les années 1960. Au fur et à mesure que les familles noires et porto-ricaines s'y installaient, les familles blanches déménagèrent. Les services se sont détériorés peu à peu ; les patrouilles de police se firent plus rares ; les ordures jonchèrent les trottoirs ; les agressions et les vols se multiplièrent. L'agonie du Bronx commença. Les propriétaires effrayés recrutèrent des malfrats pour incendier leurs propres immeubles et toucher les primes d'assurance. Trois cent mille appartements furent détruits. Un tiers du South Bronx fut la proie des flammes. L'incendie dura quinze ans. De nouveaux colons investirent ce champ de ruines. Ils étaient d'une pauvreté absolue. Sous la cendre chaude couvait le feu du ghetto.

Côté est de mon cloître suspendu, des milliers de points luminescents scintillent, fichés sur les façades obscures des *housing projects*, les HLM du Bronx. Les orbites jaunes clignent dans l'air qui tremble. Dans ces niches suspendues, des gens s'embrassent, lisent, mangent, regardent la télévision, se parlent, se déchirent, se battent, se tuent. Des milliers de destins empilés les uns à côté des autres, les uns sur les autres.

Les tours s'échelonnent comme celles d'un jeu de construction au contour encré par la nuit. New York est une ville d'enfants trop vite poussés en jambes. Des bouffées de musique, des cris, des paroles arrachées aux écrans bleutés de l'immeuble voisin se mêlent au grondement souterrain de la ville. Des sirènes zèbrent la rumeur sourde.

Vers le sud, au-delà d'une plaine d'ombre, je devine à son halo orangé le *skyline* de Manhattan, ce collier de buildings rutilants qui se mire dans la Baie.

Côté nord, presque à portée de main, le toit de tuiles de l'église Saint-Crispin et son clocher pointu. Accolé au sanctuaire, l'ancien presbytère, un cube de brique de trois étages, borde la 156e Rue. En face, un terrain vague transformé en parking, ceinturé de hautes grilles couronnées d'un barbelé tranchant.

Le presbytère est devenu la fraternité Saint-Crispin [1], le premier couvent des Franciscains du Renouveau [2].

---

1. Un couvent franciscain se nomme « fraternité ». Le responsable de la communauté est son « gardien ».

2. Les Franciscains du Renouveau sont actuellement au nombre d'une soixantaine de frères, répartis dans six couvents à New York. Trois fraternités sont situées dans le Bronx – Saint-Crispin, Notre-Dame-des-Anges et Notre-Dame-de-Guadalupe – et une à Harlem. La branche féminine – les Sœurs du Renouveau – compte une dizaine de femmes.

« Vous désirez suivre le Christ crucifié ? demanda le cardinal O'Connor, l'archevêque de New York, aux huit frères pionniers. On peut prier Dieu au sommet des montagnes enneigées ou sur les rivages de l'océan, mais si l'on veut suivre le Christ jusqu'au calvaire comme saint François d'Assise, pourquoi ne pas descendre au fond des ghettos ? »

Le cardinal leur avait confié une paroisse qui battait de l'aile dans le South Bronx. L'église, le presbytère et son école formaient un bloc de trois immeubles, entre la 155e et la 156e Rue, dans le quartier de Melrose. En 1987, les huit aventuriers avaient plongé dans ce *borough* désolé [1], au milieu des *dropouts* – les laissés-pour-compte – et des *weirdos* – les hors norme –, encerclés par les dealers et les gangs, avec pour seules armes la foi, la pauvreté et la prière.

Dix ans plus tard, ils étaient cinquante.

Dans l'ancienne école paroissiale, jouxtant la fraternité, les Franciscains du Renouveau ont installé les locaux de Hope Line, une association d'entraide pour les immigrés ; des salles de cours afin de leur enseigner l'anglais – le Bronx parle espagnol – ; un gymnase pour les jeunes du quartier. Dans le sous-sol, un foyer d'accueil pour les *homeless*, les sans-abri.

Le *shelter* Padre Pio [2] a ouvert ses portes le 23 décembre 1987, quelques mois à peine après l'installation des franciscains à Saint-Crispin. Ce soir-là, tous les frères étaient réunis pour accueillir les dix-huit premiers hôtes. Cette inauguration coïncidait avec le premier Noël de la nouvelle communauté. Le local était décoré

---

1. La création de New York City, en tant qu'entité administrative autonome, remonte à 1898, avec le regroupement de cinq villes qui allaient constituer les *boroughs* (circonscriptions) actuels : Manhattan, Brooklyn, Queens, le Bronx et Staten Island. Le Bronx est l'un des plus vastes quartiers de pauvreté du territoire américain.

2. Le Padre Pio est un capucin italien (1887-1968) qui porta dans sa chair les stigmates de la Passion du Christ pendant plus d'un demi-siècle. Le pape Jean-Paul II l'a béatifié le 2 mai 1999.

Accueillir les pauvres au nom du Christ. Chaque lundi, dans le vestibule de la fraternité Saint-Crispin, les frères accueillent les familles démunies et proposent une aide alimentaire. L'occasion d'échanger et de prier ensemble.

de guirlandes, mais frère Glenn se désolait : il ne retrouvait plus l'enfant Jésus de la crèche qu'il avait confectionnée à la hâte. Minuit sonna. Une procession improvisée s'approcha de l'étable. Le Sauveur restait introuvable. Glenn prit la parole :

— Pardonnez-moi, mes frères, le berceau restera vide : je ne trouve plus Jésus !

Un *homeless* s'avança et lui dit :

— T'inquiète pas, mon frère, ne cherche plus. Ce soir, c'est toi qui es Jésus pour nous.

Depuis, dix-huit *homeless*, chaque soir, sont accueillis comme le Christ par les frères et leurs amis bénévoles.

J'ai croisé la route des franciscains en août 1993, dans le bus Pittsburgh-Denver. Avec Florence, une amie journaliste, nous accompagnions des pèlerins français à Denver, dans le Colorado, où allaient avoir lieu les Journées mondiales de la jeunesse. Des franciscains étaient à bord. Nous eûmes trois jours et plus de la moitié du continent américain pour les voir vivre et lier connaissance avec eux. Nous fûmes immédiatement attirés par ces jeunes moines barbus, vêtus d'un froc gris reprisé, qui marchaient nu-pieds, irradiaient une joie qui ne venait pas d'eux, vivaient dans un quartier à risque et résumaient ainsi leur règle : « *No money, no honey, one boss* » (« Pas d'argent, pas de chérie, un seul patron »). Dans la fougue et l'ardeur de leur fondation, ils devaient ressembler aux premiers disciples de François d'Assise [1].

Quelques mois plus tard, en février 1994, Florence et moi

1. Né à Assise en 1182, François Bernardone renonce à une vie bourgeoise de marchand de drap pour conformer sa vie à celle du Christ, dans une pauvreté totale. Lorsqu'il meurt en 1226, portant sur son corps les stigmates du Crucifié, sa famille religieuse compte plusieurs milliers de frères. L'ordre franciscain recense aujourd'hui, essaimés dans le monde, environ 35 000 religieux et plus de 2 millions de « tertiaires » laïcs. Il est divisé en plusieurs branches : les frères mineurs (environ 19 000 membres) ; les frères mineurs conventuels (environ 4 000 membres) ; les frères mineurs capucins (environ 11 000 membres). De cette troisième branche a surgi le rameau des Franciscains du Renouveau.

débarquions à la fraternité Saint-Crispin, dans le Bronx, afin de réaliser un reportage sur leur communauté.

Bang, bang ! Je n'oublierai jamais ces coups de feu et ce réveil en sursaut, la nuit de notre arrivée. Je me précipitai à la fenêtre de ma chambre, au sixième étage de ce même building. Un paysage dantesque se découvrait par la vitre embuée, spectacle irréel sous l'éclairage phosphorescent. Des ruines, des gravats, des béances obscures dans des bâtiments borgnes, des maisons détruites, des décharges entourées de barbelés, des blocs d'immeubles aveugles, des trottoirs défoncés. Une jungle carbonisée recouverte d'une pellicule ouatée et immaculée, d'où émergeaient des moignons noirs, de part en part. Il neigeait sur le Bronx.

Je m'étais juré, cette nuit-là, fasciné et effrayé à la fois, de boucler rapidement ce reportage et de ne jamais retourner dans ce pays perdu, ce ghetto sépulcral. Je ne suis pas un héros.

Mais l'hiver s'était abattu d'un coup sur la côte est. Le lendemain, le froid passait à l'attaque. La bise mordait, le gel faisait éclater les canalisations, la glace brisait les cables, les congères bloquaient les rues. Une tempête de neige isolait la ville, immobilisait les transports... et notre avion de retour. Les frères se démenaient pour livrer nourriture et charbon aux vieillards prisonniers dans le quartier en état de siège. Durant une semaine, Florence et moi accompagnâmes ces religieux dans la tourmente frénétique de leur charité.

Bienheureux frère Hiver.

Je n'ai pu oublier ces fortes rencontres et ces liens tissés dans la bourrasque.

Je suis retourné dans le Bronx à deux reprises.

Aujourd'hui, le quartier a bien changé. Les ruines et les vestiges noirâtres ont presque disparu. Des pavillons de trois étages remplacent progressivement les sinistres HLM.

Un nouveau commissariat, juste à l'angle de la 156e Rue et de

Le Bronx sous la neige. On l'a comparé à la ville de Dresde après les bombardements de la Seconde Guerre mondiale.

Melrose, à deux pas de la fraternité Saint-Crispin, trône, rutilant bloc de brique vernissée, avec des fenêtres pare-balles teintées en vert.

En face, la caserne n° 55 des pompiers lance, jour et nuit, ses chars écarlates, illuminés et clignotants comme des arbres de Noël, toutes sirènes hurlantes, dans la ville. Ces plaintes écorchées sont pour les frères des appels à la prière.

Certes, le Bronx n'est pas encore un village amish. Le nombre de meurtres et de délits demeure effrayant, mais le quartier est moins dangereux. On peut dormir sans être réveillé par des fusillades. Cette pacification n'est pas due seulement à la politique énergique du maire de New York et à la prolifération des forces de l'ordre. Les communautés religieuses comme les Franciscains du Renouveau ou les Missionnaires de la Charité jouent un rôle pacificateur discret et considérable. « Toute œuvre de charité est une œuvre de paix », soutenait mère Teresa.

Les cellules des frères, au second et au troisième étage de l'ancien presbytère, se sont éteintes une à une. La facade de la fraternité a retrouvé sa livrée de nuit. La lune y projette l'ombre chinoise d'un arbre et sa ramure.

Un arbre... Je me souviens. Ce qui m'a le plus frappé, en débarquant ici pour la première fois, ce n'est pas la quantité de grilles, de cadenas et de verrous. Ni ces terrains vagues où gisent des voitures désossées, comme des cadavres de buffles dans une savane de macadam.

Ni les bouches à incendie que des garçons espiègles, à moitié nus, manipulent, les beaux jours, comme des canons à eau, alors que leurs sœurs se trémoussent sous les étincelles liquides. Ni ces anachroniques tonneaux de bois, à toit conique, juchés sur des châsses métalliques au sommet des immeubles de verre.

Ni ces gueules fumantes qui jalonnent la ville, ces bouches d'incendie, ces plaques d'égout qui exhalent des entrailles leurs jets de vapeur.

Ni ces maisonnettes calcinées, aux yeux noirs et vides, d'une ville fantôme. Ni ces HLM de quarante étages, en brique sang caillé, dont les vitres carrées et closes ne reflètent pas le soleil.

Ni ces fresques peintes sur les murs à l'endroit où des hommes ont été abattus. Ni ces parkings qui ressemblent aux cours de récréation d'une prison de haute sécurité.

Ni ces colosses, aux nippes tombantes, un bonnet enfoncé jusqu'aux oreillettes du walkman, que l'on croise dans la rue en baissant le regard, en serrant les fesses et en souhaitant très fort être transformé en petite souris ou en homme invisible.

Non, ce qui m'a frappé d'abord, dans ce monde hostile de bitume, de béton et de barbelés, c'est ce magnolia dont j'aperçois l'ombre sur le mur du couvent.

Dans la cour intérieure de la fraternité, les frères cultivent quelques mètres carrés de terre, arrachés à la ville. Au centre de l'oasis, cerné de murailles de brique et de grillages, s'épanouit le miracle d'un arbre. À la belle saison, sa ramure accueille des centaines d'oiseaux. Un écureuil y bondit de branche en branche. Il symbolise l'immense ordre franciscain et ses multiples rameaux. Et ce que Dieu peut faire d'une graine d'amour quand elle est semée dans la foi.

Ce magnolia fleurit deux fois par an.

Merveille.

Le beau livre des *Fioretti*[1] n'est pas achevé. Des fils de saint François continuent, avec une extrême discrétion, d'en écrire des pages magnifiques à travers le monde.

À ce grand ouvrage, j'aimerais ajouter ces quelques histoires vraies, témoignages simples, « petites fleurs » vécues par ces frères et ces sœurs du Poverello et glanées à leurs côtés.

---

1. Les *Fioretti* sont une anthologie des « miracles et pieux exemples » de la vie de saint François et de ses premiers compagnons. Ils datent du dernier quart du XIVe siècle.

Face ignorée du Bronx, entr'aperçue fugitivement. Un arbre en fleur dans la ville hostile. Un sourire de lumière sur un visage souffrant. Un enfant arraché aux griffes de la mort. Une âme égarée qui retrouve la dignité...

L'espérance s'éveille avec l'aube. Les forces de vie et les sources d'amour sont souterraines et cachées. Elles irriguent le monde. Dans certains lieux désolés, leur bruissement est plus perceptible.

Le Christ vit dans le Bronx. Je L'ai rencontré, au fil des jours, en partageant l'existence de ces apôtres qui « annoncent la bonne nouvelle aux pauvres, aux aveugles la lumière, aux captifs la délivrance... » (Luc 4, 18).

Ici ou ailleurs, la vie n'est pas toujours rose et les fleurs ne sont pas toutes bleues. Mais elles poussent parfois en enfer, par la grâce de Dieu et pour Sa plus grande gloire.

LUC ADRIAN

Fioretti

Au nom de Notre-Seigneur Jésus-Christ crucifié et de sa Mère la Vierge Marie. Il y a dans ce livre certaines petites fleurs, miracles et signes de la Providence, pieux exemples et farces comiques, vécus par des frères américains du glorieux Petit Pauvre du Christ, messire saint François, dans la jungle du South Bronx de New York.

À la louange de Jésus-Christ. Amen.

Frère Jo, son ami Bebo, et leur ballon : trois boules à zéro, complices.
L'enfer, ce n'est pas le Bronx, c'est de ne pas aimer.

Comment la prière d'un fils de saint François *commande aux oiseaux et même aux avions*

Ma cellule est cachée dans le sous-sol de la fraternité Saint-Crispin, contre la chaudière. Une chambre nue, un matelas étendu sur le sol, une table, une chaise. Impression de loger dans la soute d'un vieux cargo. Des canalisations sillonnent le plafond bas, juste au-dessus de ma tête. À hauteur d'yeux, un vasistas ouvre, à ras de terre, sur le jardinet de la communauté, comme un hublot.

Á cinq heures du matin, un raffut de glougloutements dans les tuyères annonce le lever des frères. Les tuyaux tremblent, des liquides sifflent et cognent. La vieille chaudière gémit. Plus personne ne la maîtrise. Ses caprices plongent ces hommes dans le froid polaire ou les canicules tropicales au cours de la même journée. Dieu est seul maître à bord.

Quelques minutes plus tard, un chœur de voix graves succède aux voies d'eau. Les frères psalmodient l'office des matines. Une liturgie sobre, dépouillée.

Puis, le silence. Dans la chapelle, les religieux s'immergent dans l'oraison, avant la messe communautaire de sept heures. Ils prient quatre heures par jour.

Frère Andrew Apostoli, le gardien de la communauté, rappelle sans cesse : « Sans la prière, votre vie glissera dans l'activisme. Oh, vos affaires iront très bien, mais vous n'aurez plus de fécondité réelle. Le démon ne pousse pas à faire des choses mauvaises mais trop de bonnes choses. »

Je les rejoins sur la pointe des pieds en traversant une sorte d'antichambre sombre, dont les lattes de plancher gémissent. Un escalier monte vers l'étage et les cellules des frères. Deux portes accolées ouvrent sur une cuisine et une salle à manger. En face, l'ancienne salle d'attente du presbytère, transformée en chapelle. Des pages de calepin sont épinglées sur le linteau : « Priez pour Isabel, cancer », « Carlita, six ans, victime d'inceste », « Pour la conversion de mon père »... Des intentions de prière confiées à la fraternité.

Sur le sol, des sandales en désordre.

Dans la pièce carrée qui donne sur la rue, des chaises s'alignent face à une sorte de table en bois, un plateau carré très épais, posé sur quatre pieds trapus. Derrière cet autel, un crucifix peint comme une icône. Un Christ avec d'immenses yeux, à la fois graves et sereins. Le Christ de Saint-Damien [1].

Une dizaine d'hommes sont assis, agenouillés ou prosternés, front contre terre, les pieds nus. Ils portent une robe de couleur grise et une barbe plus ou moins fournie. Une corde à trois nœuds leur sert de ceinture. Un immense chapelet y est accroché avec des boules de bois grosses comme des billes. Certains sont coiffés de leur capuchon pointu.

Parmi eux, je reconnais l'immense frère Terry, un ancien barman qui préférait la bière à l'eau bénite ; frère Stan, le jazzman des boîtes louches de Manhattan, au catogan de cheveux noirs et drus ; frère Bob, le seul à ne pas porter la barbe, pince-sans-rire et gestionnaire avisé...

---

1. Ce Christ de l'église Saint-Damien, près d'Assise, parla à François alors qu'il y priait. « Répare ma maison », lui demanda-t-il. François se méprit. La chapelle tombait en ruine ; il pensa que l'édifice réclamait ses soins. Il s'attaqua à sa réfection et comprit ensuite que c'est l'Église qui avait besoin de lui.

De six à huit heures, toutes les trois minutes, un rugissement écrase le silence. La fraternité est dans l'axe des pistes de l'aéroport de La Guardia, situé de l'autre côté de l'East River. Les volatiles métalliques s'arrachent avec la poussée maximum de leurs réacteurs juste au-dessus du South Bronx. Dans certains de ces avions, se trouvent parfois des frères, qui partent évangéliser aux quatre coins des États-Unis.

Il y a quelques mois, frère Bob Lombardo, ancien expert-comptable diplômé de l'université Notre-Dame, était invité à prêcher une récollection à des jeunes d'Atlanta.

À la suite d'un accident sur le Triborough Bridge, frère Bob arrive en retard à l'aéroport de La Guardia. Il court, il court dans les corridors du terminal mais ne trouve plus personne au comptoir d'embarquement. La salle d'attente est vide. Il ne reste qu'une hôtesse.

— Mademoiselle, dit le père Bob, essoufflé, je dois absolument prendre cet avion !

— Mon révérend, il est trop tard, l'embarquement est terminé, les portes de l'appareil viennent d'être fermées.

— Mademoiselle, vous m'avez mal compris. Je dois ab-so-lument prendre cet avion, j'ai un rendez-vous très important à Atlanta.

— Mon révérend, vous ne me comprenez pas, j'ai dit que c'était absolument impossible. Les lois fédérales interdisent de rouvrir les portes.

Bob Lombardo maîtrise ses émotions avec un art consommé, et annonce les nouvelles les plus légères comme les plus graves sur le ton le plus égal. Il reprend sans élever la voix, très calmement :

— Vous ne me comprenez pas, mademoiselle, je dois prêcher une retraite à mille jeunes. Ils m'attendent, je n'ose pas dire comme le Messie, mais presque... Je suis l'unique prédicateur. Il faut que je prenne cet avion !

Par les baies vitrées du comptoir d'enregistrement, frère Bob aperçoit le DC-8 roulant vers la piste de décollage et, à la queue leu leu, les autres appareils qui, chacun son tour, toutes les trente secondes, se cabrent et se projettent vers l'azur.

— Mon révérend, vous ne m'avez pas comprise : même le président des États-Unis ne pourrait pas faire revenir cet avion. Le pilote est désormais le seul maître à bord...

— ... après Dieu, mademoiselle. Après Dieu...

Frère Bob ne se lamente pas. Il va s'asseoir et se met à invoquer silencieusement le Maître de l'impossible : « Mon Dieu, si tu veux que ces jeunes qui ont faim et soif de Toi disposent d'un prêtre, alors débrouille-toi... J'ai fait ce que j'ai pu. »

La navette pour Atlanta se place en début de piste. Vient son tour de décoller. L'avion blanc court sur son aire, accélère... Au moment de quitter le sol, il freine subitement, ralentit, et vire sur une voie de dégagement. L'hôtesse décroche son téléphone. Elle regarde le franciscain d'un air soupçonneux. L'avion revient vers son satellite d'embarquement.

Quelques minutes plus tard, une vieille femme très pâle apparaît dans le couloir, poussée dans un fauteuil roulant par un steward. L'hôtesse se tourne vers le père Bob et lui dit comme si de rien n'était :

— Cette dame a été prise d'une subite crise d'angoisse juste avant le décollage. Nous devons la débarquer. Si vous voulez bien monter, votre avion est avancé...

— Merci, mademoiselle.

Frère Bob arriva à Atlanta pour le début de la récollection. Plusieurs jeunes se convertirent et changèrent de vie en l'entendant parler du Christ.

Comment des cambrioleurs
peuvent être des envoyés du Ciel

Ce quartier, il y a dix ans, était horriblement dangereux, raconte frère Stan pendant le petit déjeuner qui suit la messe matinale. Parce que la violence y était extrême, et qu'on pouvait facilement se blesser dans ce champ de ruines.

Nos débuts n'ont pas été faciles. Vers trois heures du matin, on entendait des coups sourds dans les murs du bâtiment. Une étrange musique se faisait parfois entendre. Cela a duré près d'un mois. Sincèrement, je crois que le diable a essayé de nous effrayer. On se raccrochait à Jésus. Chaque soir, une batte de base-ball à la main, je visitais chaque pièce du building pour vérifier qu'il n'y ait pas d'intrus, en chantant à pleins poumons "*I love You, Jesus, I love You*". Je n'étais pas très rassuré...

Une seule fois, j'ai refusé d'ouvrir la porte de la fraternité. Deux types toquaient ; je leur ai parlé à travers la grille. Ils disaient vouloir seulement un verre d'eau, mais je sentais la présence du mal. Si je les avais laissés entrer, je crois qu'il y aurait eu du grabuge...

L'un de nos premiers travaux a été de démonter le système d'air conditionné de la salle d'attente qui allait devenir notre chapelle, poursuit Stan. C'était une offense à la Pauvreté. Alors on a essayé de le déposer, ce foutu bloc. On y a passé une journée entière. Rien à faire, trop lourd. Même Terry le costaud déclara forfait... On est allés se coucher en priant : "Bon, tu t'en occupes, Seigneur, c'est Toi le Maître des lieux !"

Qu'est-ce que j'entends vers quatre heures du matin ? Un gros boum dans la rue ! Je regarde par la fenêtre de ma cellule : deux types étaient en train d'emporter le système d'air conditionné ! Ils avaient réussi à le démonter dans le plus grand silence ! »

— Et vous leur avez couru après ?

— Hé, mon frère, dit Stan en me saisissant le bras, ils venaient de finir le boulot qu'on n'arrivait pas à faire depuis le matin, et ils assuraient gratuitement le déménagement, je n'allais pas les enguirlander ! Je leur ai crié : « Merci les gars, que Dieu vous bénisse ! J'espère qu'il marche encore ! » Ici, les envoyés de la Providence ne sont pas tous des anges, conclut Stan dans un éclat de rire.

Frère Glenn en prière, durant la messe qu'il célèbre pieds nus.
« Nous ne sommes pas des travailleurs sociaux. Notre passion des pauvres n'est qu'une expression de notre amour de Dieu. »

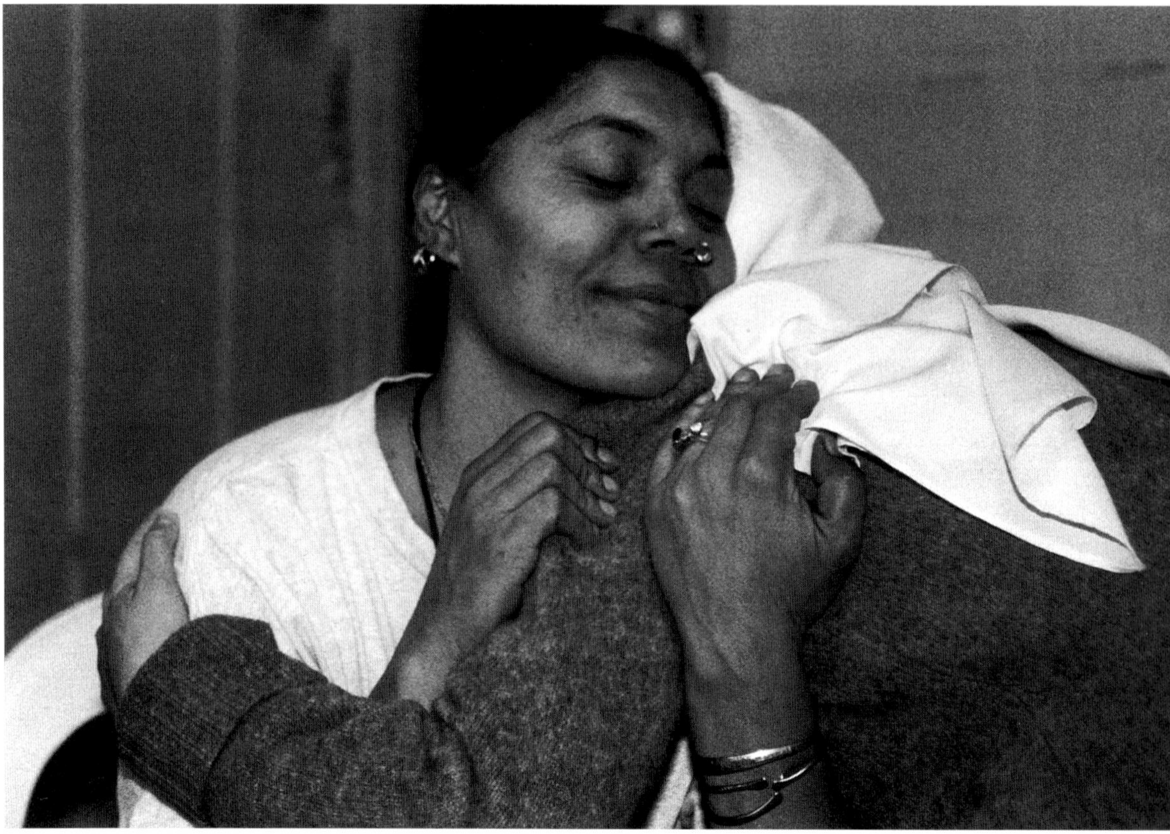

Valentine a arrêté le crack, en accouchant de son quatrième enfant, grâce au soutien des Narcotiques anonymes et des franciscains : « On ne peut pas lutter seul contre le diable », dit-elle.

Comment Valentine
rompt avec le fils du diable

Un immeuble défoncé, à dix minutes de la fraternité, vers Claremont Park. Vitres brisées, tags sur les murs, ampoules pendouillantes au bout de leur fil qui ne parviennent pas à éclairer des couloirs puant le désinfectant et l'urine. Des avis d'huissier sont placardés sur des portes barricadées.

Frère François-Marie, un franciscain de Montréal, m'accompagne dans cette visite à Valentine, une amie de la communauté. Il me rassure : « Aucun frère n'a jamais été agressé dans le Bronx. » Je m'offrirais bien une robe grise et une barbe fournie afin de leur ressembler...

François-Marie porte une barbiche noire sur un visage émacié. Après avoir erré dans la drogue, convoyé du fret entre le Canada et les États-Unis, mené une quête intellectuelle éclectique, ce Québécois pacifique passa plusieurs années dans la secte Moon. Jusqu'à ce jour d'octobre 1979 où le pape Jean-Paul II vint parler au Lincoln Memorial de Washington. Pour alimenter les caisses de la secte, François-Marie et ses collègues vendaient des porte-clefs à l'effigie du pape aux portes du parc. Le Québécois tendit l'oreille. À la fin du discours, il se surprit à applaudir Jean-Paul II.

Ses collègues l'accusèrent de traîtrise et le montrèrent du doigt. « Le doute s'était insinué dans mes certitudes simplistes, raconte-t-il alors que nous explorons le rez-de-chaussée glauque de l'immeuble de Valentine. J'avais rencontré à plusieurs reprises des catholiques qui vivaient leur foi avec joie, intégrité et humilité ; je les admirais alors qu'ils n'inspiraient que mépris à mes collègues moonistes, tout comme les paumés et les ivrognes que nous croisions dans les bars lors de nos ventes nocturnes. Or ces pauvres touchaient mon cœur. Une Église qui méprise les plus petits et les blessés de la vie ne peut être celle du Christ. Je me suis éveillé un matin en exprimant tout haut la conviction qui m'animait depuis des mois : "Mensonge, tout cela n'est que du mensonge !" »

François avait quitté la secte avec dix dollars en poche. Il n'en aurait jamais plus sur lui. Il devint vagabond du Seigneur en partageant sa vie avec de jeunes paumés, au sein de la fraternité des Franciscains de l'Emmanuel, à Montréal. Il était dans le Bronx pour approfondir son expérience de vie franciscaine.

Nous escaladons les escaliers sinistres.

Troisième étage, porte droite. L'appartement de Valentine. *Dring !* Une femme à la carrure de catcheuse ouvre la porte, pousse un *« eeeeeeeeeh »* strident d'une voix éraillée, et absorbe François-Marie dans ses bras. Valentine a les cheveux tressés en mille nattes courtes, dressées sur la tête comme des antennes. Elle porte un maillot de corps moulant, un cœur tatoué sur l'épaule droite, un anneau dans la narine.

Je m'enfonce dans un divan sans ressorts. Les murs sont constellés de photos d'enfants et de posters d'animaux. Le petit appartement est surchauffé. Trois enfants regardent la télévision dans la chambre voisine. Leur mère crie de baisser le son.

Valentine raconte son salut d'une voix rauque et forte.

Ses parents se droguent ; son père vole et finit en prison. L'Assistance publique la place dans une maison spécialisée du Bronx. À dix ans, elle boit ; à quinze, découvre le haschich. Un premier enfant, à l'âge de dix-sept ans, lui est retiré et placé en famille d'accueil. Elle parvient à le récupérer puis s'installe dans un petit appartement sur l'avenue Brook et la 145e Rue. Son amant la frappe si violemment qu'elle manque de perdre son deuxième enfant. Elle se drogue avec du *speed ball* et de la cocaïne, puis le crack la possède.

« Mes deux enfants hurlaient dans la cuisine, le réfrigérateur était vide, mais je ne voulais rien savoir. Je me bouchais les oreilles pour ne pas les entendre. Je les battais pour qu'ils se taisent. Ça me fait mal rien que d'y penser... La drogue t'attrape, elle te dévore, c'est horrible, c'est stupide, tu es prisonnier de l'enfer. » Valentine serre le poing. Elle mime la scène tant de fois répétée. Brise le tube imaginaire. Dépose le contenu, un petit cristal, dans la coupelle d'une pipe de verre, puis l'allume avec un briquet. Le cristal commence à rougeoyer avec des craquements. La femme aspire profondément et retient sa respiration, les yeux clos. Le caillou prend possession d'elle. Plus rien n'existe. Toute souffrance s'évanouit, se consume dans l'incandescence de la jouissance inouïe. Durant quelques instants, suspendue dans un état de grâce et d'apesanteur, Valentine embrasse la paix au plus profond d'elle-même.

Dans leur chambre, les enfants s'exclament devant le dessin animé. Seules les voix nasillardes et les éclats de rire nous raccrochent au présent.

Valentine balaie ses souvenirs maudits d'un geste de main. Elle saisit comme un talisman le jeu de rondelles plastique accrochées à son ceinturon : les jetons de fidélité des Narcotiques anonymes, signes tangibles de son abstinence.

« J'étais au crack depuis deux ans quand j'ai attendu mon quatrième enfant. Je me suis droguée durant toute la grossesse. Le jour du terme, j'étais tellement shootée que je ne voulais pas bouger. Mais je savais que le bébé mourrait si j'accouchais à la maison. C'était le 6 mars. J'ai fumé mon dernier caillou. Pour ce gosse, je suis allée à l'hôpital. Ce geste m'a sauvée : je ne me suis plus jamais droguée.

Le lendemain, Haizel naissait. Ils l'ont gardée quatre jours pour la désintoxiquer. Son test de drogue aurait été négatif, j'aurais peut-être recommencé à me camer. Comme il était positif, j'ai eu peur... J'allais à l'hôpital trois fois par jour pour l'allaiter. Il fallait que je reste *clean*, sobre, si je ne voulais pas l'empoisonner. J'ai commencé le programme des Narcotiques anonymes, avec une assistance par acupuncture. Quatre jours plus tard, un soir, un copain est arrivé à la maison avec du crack, des bières et des clopes. J'ai gardé les clopes et je l'ai foutu dehors. J'ai su alors que j'avais gagné...

Les frères et les sœurs de Saint-Crispin ne m'ont jamais jugée. Ils m'apportaient de la nourriture pour les enfants même quand je me droguais, puis ils priaient pour moi. Ils ont été d'une patience d'ange. Personne ne peut lutter seul contre le diable. Sans les Franciscains et sans les Narcotiques anonymes, je serai morte et mes enfants placés dans des foyers. Ils recommenceraient ce que j'ai vécu, le cercle vicieux. J'ai été sauvée grâce à la prière, la fidélité, et la confession. »

— La confession ? je sursaute. J'ai du mal à imaginer Valentine dans l'une de ces étroites armoires cachées dans l'ombre des églises.

— Oui, je suis allée voir frère Stan, un jour, pour me confesser, me délivrer, vider mon sac, confier à Dieu les saletés de ma vie, et tu sais combien de temps a duré ma confession ?

— Euh, je ne sais pas, moi, une demi-heure ? Une heure ?

— Trois semaines, ah, ah, ah, ah ! Il m'a reçue à six reprises, durant une heure, pendant trois semaines ! Ah, ah, ah, ah ! Désormais, Stan, c'est plus que mon frère.

Où un flic du Bronx offre une visite guidée *de son territoire à un petit « frenchie » qui serre les fesses*

DANIEL B. est flic au *Four Zero*, le 40e *precinct*. Devant ce cube de brique claire, aux fenêtres grillagées, des chicanes et des voitures de police forment une herse blanche et bleue.

Daniel, âgé de trente-cinq ans environ, est de taille moyenne, légèrement corpulent, avec des épaules larges ; un visage rond et blond aux pommettes roses, des yeux bleux, une moustache en épi de blé. Il balaye du regard le « paysage ». À droite du commissariat, des HLM immenses dont l'ombre couvre l'église Saint-Jérôme, située dans l'exacte diagonale du poste de police, de l'autre côté du carrefour ; la 138e Rue, très large, qui remonte vers Willis Avenue ; en face du *precinct*, des maisonnettes de brique rouge bordent Alexander Avenue.

Daniel a assuré la surveillance dans le métro durant cinq ans avant de remonter à l'air libre. Des cinglés, il en a croisé de toutes sortes, des violents aussi, mais des moines barbus et pieds nus, cela ne figurait pas encore dans son catalogue de phénomènes.

Il y a quelques mois, il a vu mourir un de ses collègues, tiré comme un lapin devant le commissariat, en plein jour.

« J'étais dégoûté, le cœur plein de rancune, raconte-t-il, habillé en civil au volant de sa Jeep. Un soir, je zappe sur la télé lorsque le visage d'un homme barbu attire mon attention. C'est un franciscain italien, un certain Padre Pio. Ce type dégage une lumière. Je regarde le reportage jusqu'à la fin. Pourtant, je ne suis pas une grenouille de bénitier. Ce Padre Pio m'a bouleversé. Il a commencé à me ramener à l'Église. Quelques semaines plus tard,

Evelyn Olivo

Chaque rue a son histoire, ses drames, ses solitudes, que les franciscains ne veulent pas ignorer. « Jamais Dieu ne se révèle mieux à l'homme que dans l'abîme de la misère humaine. » (Carlo Caretto)

j'ai été chargé de surveiller la distribution de nourriture devant la fraternité Saint-Crispin. J'ai fait la connaissance des frères : ils portaient la même robe que le capucin italien ! J'ai appris que leur *shelter* se nommait Padre Pio ! Drôle de coïncidence, n'est-ce pas ? »

Daniel a intégré l'équipe des cent bénévoles laïcs qui se relaient, à tour de rôle, chaque soir, pour accueillir les *homeless.*

« Je suis venu servir le lundi soir au *shelter*, poursuit-il. J'ai commencé à évoluer dans ma tête. Je pensais que le monde était pourri ; or j'ai vu ici des gestes d'amour et des êtres généreux. Ils m'ont permis de découvrir la face cachée des hommes, celle que je ne peux pas voir en tant que flic, celle que la violence et le vice m'ont masquée. Dans mon armoire, au commissariat, j'avais collé la photo d'une chaise électrique ; je l'ai arrachée et j'ai affiché les portraits du pape et du Padre Pio. »

Contrôle d'identité sur la 156e Rue. Daniel salue ses collègues d'un geste de main. Leur véhicule serre une vieille Ford contre le trottoir. Son gyrophare projette des éclats rouges et bleus sur les murs couverts de graffitis. La Jeep du *cop* bascule de bas en haut sur la chaussée inégale, pique du nez comme une vedette qui affronte la houle. Des murailles de brique défilent, puis des alignements de *housing projects.* Dans ces tours carrées, accolées comme des trèfles cubistes à quatre feuilles, se concentrent plus de misère et de violence au mètre carré que dans les bidonvilles de Rio ou les faubourgs de Moscou.

Lu dans un journal, ce matin : une femme désespérée s'est jetée, hier, du vingtième étage d'un *project* avec ses deux enfants.

Courtland Avenue. Les glapissements de la sirène d'une voiture de patrouille ne semblent pas déranger les dealers qui officient dans des coins d'ombre. Lorsque les policiers auront fini de « nettoyer » le bloc, la mauvaise herbe repoussera dans une rue parallèle.

La radio de bord crache, à jet continu, une litanie codée, des mots débités sur un ton morne par le standard : agressions à l'arme blanche, violences conjugales, vols de voitures, attaques à main armée...

— Le Bronx est divisé en onze *precincts*, explique Daniel. Le 41e a été surnommé Fort Apache, et le 46e, Fort Alamo. Celui-ci recensait à lui seul quatre-vingt-cinq cadavres par an !

Il arrête sa voiture sous un pont autoroutier. La ville s'immerge lentement dans le crépuscule. L'obscurité remplit les rues d'un sirop noir, gluant, qui évacue peu à peu, irrémédiablement, la lumière vers le haut du récipient. Des flamboiements, au loin, de l'autre côté de la herse de métal et de béton, font ressortir en ombres chinoises les buildings vertigineux de la mégalopole.

Au-dessus, le pont tremble avec des résonances sourdes. Les autos filent sur la Major Deegan Expressway, vers La Guardia, au sud, ou vers Yonkers, au nord. Daniel tient dans le faisceau de ses phares une Buick corvette.

— Demain matin, il ne restera qu'une carcasse. Cette voiture, probablement volée, va être désossée, dépecée. Le commerce de pièces détachées est l'un des plus lucratifs du Bronx – après la drogue bien sûr.

Daniel redémarre en douceur. La Jeep glisse lentement et remonte la 3e Avenue. La radio crachote sa ritournelle de drames.

Le policier poursuit la visite.

— Le pire, c'est le crack ! Ce caillou de mort transforme des pères de famille en sauvages défoncés capables de transformer leur femme, leurs enfants, en tranches de salami, à coups de machette !

La voiture vire sur l'avenue Melrose dans un crissement de pneus.

— Ça craque quand ça se consume, voilà pourquoi on l'appelle le crack. Une invention géniale : de la cocaïne qui se fume. Il fallait y penser ! Dix fois moins cher que la cocaïne pure – entre dix et quinze dollars les cinquante grammes. Ce prix dérisoire a ouvert aux trafiquants des marchés qui étaient restés fermés à la cocaïne : les quartiers pauvres.

Le crack arrive à New York en 1985. Il provoque de sanglants remue-ménage dans les ghettos. Les policiers du Bronx et de Harlem ramassent les cadavres à la pelle. Les enjeux financiers sont tels que les gangs passent d'une délinquance à l'arme blanche aux règlements de compte à l'artillerie lourde.

— Les quatre coins de ce carrefour, à cent mètres à peine du commissariat, se louaient chacun des milliers de dollars par jour. Les dealers s'entretuaient pour deux mètres carrés de macadam... Tu aperçois le trou dans cette façade ? Un distributeur de came. Le dealer se tenait planqué de l'autre côté. Maintenant, avec les téléphones cellulaires, ils ont pris une longueur d'avance...

Daniel reprend son explication après un temps de silence.

— Le crack, c'est le big-bang. Les effets sont cent fois plus violents que ceux d'une prise de cocaïne ! Les molécules absorbées à pleins poumons passent instantanément dans le sang. Elles atteignent le cerveau à une vitesse éclair. Le flash est intense. Seulement l'effet est très rapide – quelques secondes – et la « descente » brutale. L'euphorie disparaît très vite. Le fumeur de crack se lance alors dans un marathon incessant pour se procurer un nouveau caillou et arrêter la « descente ». Il est prêt à faire n'importe quoi... Le drogué entre dans un cycle ininterrompu de déprime et d'euphorie qui provoque de graves problèmes psychologiques. Cela peut se traduire par des actes de violence totalement incontrôlés, des comportements suicidaires...

La drogue infernale, les corps rendus fous, les esprits possédés par le manque, les familles éclatées, le désespoir triomphant... Daniel a entendu le ricanement de la Bête résonner dans les artères de la Grosse Pomme [1].

Des gouttes lourdes s'écrasent sur le macadam. Le ciel se soulage sur le Bronx. Une pluie tiède et visqueuse.

1. Surnom donné à New York.

Retour au *Four Zero* par la 138e Rue.

— Chaque jour je remercie le ciel de n'avoir jamais dû tuer un homme. Grâce à l'amitié des frères et à la redécouverte de Dieu, je refuse de m'habituer à la violence et au mépris. L'autre jour, lors d'une guerre entre dealers, un trafiquant a été blessé. Il gisait à terre, allongé près d'une crotte de chien. Un de mes collègues a dit : « Laisse-le là, il est à sa place : une merde qui crève à côté d'une merde ! » J'ai crié : « Ferme-la ! Même si c'est un marchand de mort, c'est l'enfant de quelqu'un. » En même temps, je ne peux en vouloir à mes collègues cyniques : ils en ont trop vu. Beaucoup sombrent dans l'alcoolisme ou la dépression... J'essaie de montrer de la miséricorde, de ne pas juger, de me mettre dans la peau de l'autre ; flic, c'est le dernier métier où tu peux faire ça... Ça peut te coûter la vie, car les fauves flairent la faiblesse. Mais on a tous besoin d'une dernière chance. Que Dieu nous prenne en pitié.

Surprise. Au carrefour de la 138e Rue et d'Alexander Avenue, dans la diagonale du 40e *precinct*, se dresse un immense Christ. Une reproduction géante de l'icône du *Sauveur* d'Andréi Roublev. Aussi large qu'une pub Coca-Cola à Times Square, elle est peinte sur le chevet de l'église Saint-Jérôme.

Avant de reprendre son service, Daniel salue le Christ du Bronx, ce signe de la miséricorde de Dieu sur la route défoncée des hommes.

Comment frère Harry *témoigne de l'extraordinaire pouvoir de la messe et du pardon*

Frère Harry – un grand gars brun, portant lunettes – est célèbre dans la communauté pour avoir réussi trois choses impossibles : cuisiner un soufflé avec de la poudre d'œufs, un soir de pénurie ; séparer deux femmes qui se battaient au couteau sur le trottoir ; se retrouver au milieu d'un groupe de dealers, en plein trafic de crack, sans se faire trouer la bure.

Responsable du *shelter* Padre Pio durant un an, Harry a affronté deux coups durs : l'un de ses hôtes a poignardé sa femme ; un autre est devenu fou furieux lors d'une crise de démence. « Tous mes cours de communication à l'université sur "Comment négocier avec plus fort que soi, et patati et patata" ont volé en éclats ! J'ai dû appeler la police, ce qui ne nous était jamais arrivé. »

Harry rêvait d'être acteur. Après sa conversion, il comprit qu'il risquait de passer sa vie à se regarder le nombril et qu'il serait plus heureux à s'occuper des autres. Appelé par Dieu à tout donner, il chercha sans succès une communauté religieuse. Un jour, un ami capucin lui glissa un morceau de papier avec une adresse à New York : « Ils sont complètement fous, ça te conviendra peut-être... » Après quelques heures passées chez les « fous » du Bronx, Harry avait conclu : « Tiens, Dieu a créé une communauté spécialement pour moi ! »

Le jeune homme était encore novice lorsqu'il reçut, un matin, l'appel téléphonique d'une femme, une certaine Mary B. Elle souhaitait retrouver son certificat de baptême afin de « mettre de l'ordre dans sa vie », selon son expression. Au fil de la discussion, elle se confia : Mary avait voulu être religieuse, mais n'avait

Une récollection « Youth 2000 » pour les adolescents dans une paroisse du Bronx. Harry enseigne tandis que Terry prie en portant l'icône de Notre-Dame-de-Guadalupe.

jamais pu prononcer des vœux définitifs. Cette impossibilité de s'engager est-elle liée au fait qu'elle avait été violée, étudiante, par son père ? Malgré ses efforts, elle ne pouvait oublier ce traumatisme.

Mary avait rompu toute relation avec cet homme depuis des années. Infirmière, elle se consacrait aux personnes en fin de vie, accompagnant les mourants sur la rive du grand passage. Mais chaque mort la bouleversait plus que de raison. Elle sentait confusément que cette intense émotion provenait de sa propre blessure.

Un prêtre lui assura qu'elle ne pourrait retrouver la paix intérieure qu'en pardonnant à son père. Elle se mit alors à désirer ce pardon de toutes ses forces. Le jour convenu, ce prêtre célèbra en sa présence une messe à l'intention de cet homme. Durant l'Offertoire, au moment où elle articulait les mots du difficile pardon, elle sentit une gangue se déchirer en elle. Une immense miséricorde pour son père l'envahit.

« Voilà le pouvoir de la messe et la libération du pardon, exulte frère Harry. Si l'on fait l'effort d'aller jusqu'à un certain point, Jésus fait le reste du chemin. C'est ce que Thérèse de l'Enfant-Jésus appelle "l'ascenseur" : il suffit de se placer dans les bras de Dieu et Il nous monte vers Lui ! »

Chaque dimanche des Rameaux, les frères de Saint-Crispin organisent une grande procession des Palmes dans le quartier de Melrose. Celle-ci draine des fidèles fervents et des personnes moins pratiquantes. « Une année, je portais la croix en tête du cortège, raconte Harry. Nous venions de dépasser Courtland Avenue, une rue mal famée... Et j'aperçois soudain au coin trois dealers en train d'échanger de la "marchandise". Je serre les dents. Devant moi, frère Rich distribuait des rameaux à tous ceux qu'il croisait. Il n'avait rien vu du manège. Il se précipite sur les dealers, leur fourre un rameau entre les mains et continue son chemin ! Les types rangent précipitamment leur came, se mettent à agiter leurs palmes comme des enfants de chœur et à suivre la procession. J'étais tellement soulagé que j'ai éclaté rire, et je riais tellement que je n'arrivais plus à tenir ma croix ! »

Harry ne le cache pas : sa foi a été durement éprouvée dans le Bronx. « On a parfois l'impression que le sort s'acharne sur certains. Ils luttent pour se relever après une épreuve, et voilà qu'une nouvelle tuile leur tombe sur la tête. Le destin semble les accabler. J'ai connu une femme de ménage qui travaillait dans une clinique. En cinq jours, sa mère est décédée, sa maison a brûlé, sa sœur est morte dans un accident de voiture. Et elle gardait confiance en Dieu...

Le film-catastrophe n'est pas fini : ils vivaient à huit dans un appartement minuscule quand le fils aîné de cette femme apprit que l'enfant qu'il attendait était trisomique. Elle lui ordonna de le garder, lui promettant de s'en occuper. Elle a tenu parole et éduque le petit. Cette femme et son amant, d'origine portoricaine, n'étaient pas mariés, mais ils ont accepté de vivre ce que leur conscience leur ordonnait. Après un magnifique cheminement, ils se sont épousés. C'est l'un des plus beaux mariages auquel j'aie assisté.

Le Bronx m'a enseigné cette leçon : plus on possède, moins on partage ; moins on possède, plus on partage ! »

Ce vieil homme secret, à la peau de parchemin noirci,
m'a enseigné la dignité des plus pauvres.

Où frère Stan paie les enterrements des pauvres *avec les bénéfices de ses disques*

Des tourbillons d'étoupe glacée aveuglent les piétons. Des silhouettes courbées sortent de l'église Saint-Crispin, disparaissent derrière le mur opaque de la neige.

Ce matin d'hiver, frère Stan vient de célébrer les funérailles de Luis, vingt-deux ans. À l'endroit exact où il a été assassiné trois jours plus tôt, sur un mur de la 153e Rue, ses amis ont peint son nom en vert cru, au-dessus d'un ange aux ailes d'or qui lui ressemble comme un frère. Il monte vers un ciel rose fluo à toute vitesse.

On dénomme ces fresques commémoratives des RIP, « Requiescat in pace ». Même ceux qui ne parlent pas anglais comprennent ce latin-là : « Qu'il repose en paix ». Elles fleurissent sur les murs du South Bronx et de Harlem. Les jeunes des ghettos se tirent dessus de plus en plus jeunes. Trafics de drogue, rivalités entre gangs, mais aussi histoires de filles, broutilles et susceptibilités de rien du tout [1].

Angela, une voisine, confie : « C'est Stan qui a payé les funérailles du garçon. Il a une ardoise aux pompes funèbres ! Stan est un ancien musicien de jazz ; il jouait dans les boîtes du Lower East Side. Il continue de composer des chansons mais c'est l'Esprit-Saint qui l'inspire, comme il dit. Il paye les enterrements des pauvres avec les bénéfices de ses disques. »

---

1. De 1979 à 1991, près de 50 000 Américains de moins de dix-neuf ans ont été tués par balle, soit à peu près autant que de soldats américains morts durant la guerre du Viêt-nam. Dans les grands ghettos de Central Harlem ou du South Bronx, l'espérance de vie d'un jeune Noir de sexe masculin est inférieure à celle d'un habitant du Bangladesh. (Source : *Mondes rebelles*, Éditions Michalon, Paris, 1996)

Flash-back. Lundi dernier, lors de la distribution des sacs de nourriture, une longue queue s'allonge sur le trottoir. Stan salue chacun. Une femme lui saisit la main, la baise avec effusion, le remercie, des larmes dans les yeux. Le franciscain explique :

« Elle a sonné au couvent il y a quinze jours. Son garçon venait d'être tué dans une bagarre. Elle faisait le tour du *barrio* (le quartier, en espagnol) pour quêter de quoi l'enterrer. Elle m'a montré une photo de son fils, une balle dans la tête.

— Où est-il ? lui ai-je demandé.

— À la morgue de l'hôpital, me répondit-elle. Ils ne veulent pas me donner son corps tant que je n'aurai pas payé. Mais je n'ai pas un sou.

Je lui ai dit :

— Viens me revoir demain, mamie.

J'ai vérifié son histoire. Quand j'ai su qu'elle disait vrai, nous avons décidé en communauté de tout assumer. Je suis allé chercher la dépouille de son garçon. Nous l'avons veillé avec les sœurs, puis nous avons célébré une belle messe de funérailles et nous l'avons enterré dans la dignité.

Nous sommes la famille de ceux qui n'en ont pas. Comme ce *homeless* qui dormait dans un wagon sur une voie de garage ; des voyous l'ont arrosé d'alcool et embrasé. Il est mort brûlé vif. Il n'avait ni proches, ni amis. Les policiers nous ont demandé de nous charger des funérailles. On a invité tout le quartier, les *homeless*, les hôtes du *shelter*, tout le monde, et on a célébré des obsèques inoubliables !

Ce n'est pas toujours gai, ici, tu sais. On vient d'enterrer une jeune fille du *barrio*, âgée de quatorze ans. Elle vendait de la drogue. Elle a été tuée de façon atroce par un client fou qui voulait son fric : on a retrouvé son cadavre découpé en morceaux dans une poubelle, quinze jours plus tard ! »

La foule s'écoule, silencieuse, le long des bancs de bois ouvragés de l'église Saint-Crispin. Frère Stan, une guitare en bandoulière sur sa chasuble, chante une mélodie très douce que les gens reprennent en chœur.

Le porche de l'église s'ouvre sur un paysage immaculé, un décor de Noël. La tempête s'apaise. Quelques flocons volètent. La neige étouffe le bruit des pas, absorbe les derniers sanglots.

Luis part vers sa dernière demeure terrestre dans un silence ouaté.

Où frère Stan
explique le mystère du crucifix de Saint-Damien

Le vestibule du couvent est jonché de sacs remplis de boîtes de conserve. Un frère barbu, pieds nus malgré la froidure, assis à une table de bois, parcourt une liste, le stylo à la main. Il compte : « Trois cent quatre-vingt-quatorze... trois cent quatre-vingt-quinze... Zut, nous allons manquer de sacs ! »

« Frère Shawn prépare la prochaine distribution aux personnes sans ressources du quartier, explique Stan. Cette nourriture, des particuliers et des entreprises nous l'offrent. Ils la livrent ou nous allons la chercher, puis nous la stockons dans nos chambres froides. Chaque dimanche soir, des frères, des novices, des bénévoles, des amis du quartier, des *homeless* du *shelter* se réunissent dans le sous-sol et confectionnent ces sacs de secours. »

Stan fait une génuflexion devant la porte de la chapelle pour saluer l'Hôte, puis s'assoit dans la salle à manger. Au mur, un cadre représente un homme barbu, vêtu d'une robe grise, qui serre contre lui un enfant : saint Crispin de Viterbe – son nom est inscrit sous la gravure –, le patron de la fraternité.

Frère Thomas, de petite taille, cheveux blonds, courts, apporte des gobelets de café au lait.

« L'histoire de Luis ressemble à celle de beaucoup d'autres garçons du quartier, dit Stan. Nous le connaissions depuis notre arrivée ici. Très vite, nous avons lancé des activités sportives, du basket, du sport, du billard, des jeux de ce genre, pour occuper les gosses. Ils s'ennuient, cela se termine souvent mal... »

Stan s'exprime avec ses mains, ses yeux, sa tête. Tout son corps parle.

« La façon dont saint François aimait Jésus me fascine,
dit frère Stan Fortuna : tout pour le Christ ! L'obéissance, la chasteté
et la pauvreté ne sont que des moyens pour mieux L'aimer totalement. »

« Le père de Luis est décédé quand il avait sept ans. Dans le Bronx, les pères sont souvent absents : ils se droguent, ils sont en prison, ou il sont morts. La mère de Luis se retrouve seule ; ils sont sept à la maison. Pour l'aider à payer l'école de ses trois frères et de ses deux sœurs, Luis, sans rien dire, commence à "dealer". De l'herbe d'abord, puis de l'héroïne. Là-dessus, le crack arrive. Un soir de déprime, il essaye le caillou. Il se croit plus fort, il n'a jamais accroché avec la came. Mais le fils du diable est puissant...

Luis devient accro. C'est la descente aux enfers, très rapide. Un jour il vient frapper ici et nous dit : "Moi, je suis foutu. Mais je vous confie mes frères, mes sœurs, ma mère ; ne les laissez pas tomber."

Nous avons commencé à visiter régulièrement sa famille avec les sœurs de la communauté. Nous avons trouvé des arrangements financiers pour les écoles ; surtout, on a prié le Ciel pour cet enfant égaré. Chaque fois que Sylvia, sa mère, venait prendre ses sacs de ravitaillement, on l'encourageait : "Tiens bon, Sylvia, courage, Luis va s'en sortir." C'était fou, mais ce n'était pas des paroles en l'air ! Il s'en est sorti... grâce à la prison !

Condamné à trois mois pour trafic de drogue, Luis refuse les calmants et les produits de substitution. Il croit devenir fou à cause du manque, mais il tient bon. Il veut saisir la dernière chance que la prison lui offre : la désintoxication forcée. Et il s'en sort ! Il vient nous voir dès sa libération : "Ne me lâchez pas, les frères, si je retombe, je suis foutu." On ne l'a pas lâché. Un travail de longue haleine, des mois de patience, des chutes, des remontées, des rechutes... Finalement, un samedi, je m'apprête à partir prêcher un Youth 2000 [1] dans le New Jersey avec frère Harry lorsque Luis demande s'il peut nous accompagner. On saute de joie !

---

1. Youth 2000 (Jeunesse 2000), mouvement d'évangélisation pour les jeunes de 15 à 35 ans, s'est répandu dans toute l'Amérique du Nord, en Angleterre, en Australie et dans les Caraïbes. Chaque week-end de récollection rassemble en moyenne 400 à 500 jeunes, qui peuvent y expérimenter une rencontre avec le Christ à travers des enseignements, des temps de prière, d'adoration eucharistique et de confession. Ces « festivals de prière » sont animés par de jeunes musiciens. Les Franciscains du Renouveau en assurent la prédication.

Et, miracle, Luis a rencontré le Christ durant ce Youth 2000. Le soir, avant la nuit d'adoration, le prêtre passe devant chacun des jeunes présents en portant Jésus dans l'ostensoir – cet objet rond et doré comme un soleil au centre duquel on place l'hostie – et le bénit très lentement. Voilà que frère Harry arrive devant Luis avec l'ostensoir. Là, tout d'un coup, le jeune s'effondre en larmes sur le plancher du gymnase qui servait de chapelle. La grâce le touche en plein cœur ! Il sent l'Amour le brûler, l'inonder. Il comprend en un instant tout le prix de sa vie aux yeux de Dieu... Le don de la foi, tout d'un coup !

Au petit matin, après une nuit de joie profonde, Luis se confesse. Il se décharge de tous ses péchés, de tous ses miasmes, de toutes ses trahisons... Il se réconcilie avec Dieu et avec lui-même. Il reçoit le pardon du Père, comme le fils prodigue de la parabole.

Luis change totalement de vie à partir de ce moment-là. Il rompt avec ses anciennes relations. Chaque semaine, il nous accompagne aux Youth 2000 que nous animons. Il témoigne devant les jeunes de sa conversion, des merveilles que Dieu peut faire dans une vie apparemment condamnée. Sa parole est une flamme. Par son témoignage, l'Esprit saint touche les cœurs... »

Le religieux aux yeux ardents s'interrompt quelques instants. Il semble se formuler à lui-même la question qui vient naturellement à l'esprit :

« Pourquoi faut-il justement que ce soit *le* garçon qui s'en sort qui soit tué ? Pourquoi faut-il que le peu de bien que nous parvenons à faire dans ce monde de mort soit réduit à néant ? Pourquoi faut-il que le Bon Dieu permette ce qui ressemble à un gâchis ? »

Le franciscain reste muet. L'horloge pousse ses secondes, tic-tac, tic-tac. Stan est passé par le creuset du doute. Chacun des frères, au couvent, a connu cette traversée du désert, cette épreuve où les certitudes les mieux ancrées volent en éclats, où même la foi la plus solide, la plus profonde, est ébranlée.

Il pourrait répondre que les salopards qui gèrent le trafic de drogue n'apprécient guère de voir un de leurs anciens dealers échapper à leurs griffes et se lancer dans une croisade auprès de leurs futurs clients. Mais ce n'est pas *la* réponse.

— Où est Sa gloire ? En vérité, nous le saurons plus tard, murmure Stan, en tripotant une miette de pain sur la table vernie, comme s'il parlait pour lui-même. Je n'ai pas à demander des comptes à Dieu. J'ai seulement à Le rendre libre : moins je fais ce que je veux, plus Dieu peut faire ce qu'Il veut. Nous ne sommes que des instruments dans Sa main, des serviteurs inutiles, des pauvres... Il nous tient à bout de bras. S'Il nous lâche, splash ! on s'écrase.

Le frère reprend de la vigueur :

— Je sais, au fond de moi, que Luis, avant d'expirer, a pardonné à ses assassins. Et je crois que ce pardon sauve le monde plus efficacement que n'importe quelle résolution de l'ONU ! Luis a vécu la croix du Christ. La Croix, c'est là que tout se joue !

Le moine se lève d'un bond – on le dirait monté sur ressorts – et se dirige vers la chapelle.

Dans l'étroit sanctuaire, trois frères sont prosternés, leur capuchon sur la tête, formant des monticules de silence, de couleur grise, anonymes, immobiles. Sur la pointe des pieds, Stan s'approche du tabernacle, dans un coin du mur, derrière l'autel, pose la main dessus avec douceur, comme sur un cœur, et murmure :

— Il est là, le Vainqueur de la Mort, la réponse à toutes les questions. Dieu caché...

Puis il se tourne vers le grand crucifix, l'unique objet de piété sur le mur nu. Les yeux immenses du Christ de Saint-Damien ressemblent curieusement à ceux du Sauveur de l'église Saint-Jérôme. On discerne, peints autour du Crucifié, une foule de personnages et de détails.

— Cette icône illustre le combat entre la lumière et les ténèbres, dit Stan à voix basse – c'est exactement ce que nous vivons ici. Mais elle nous montre aussi l'issue du combat : la victoire du Christ. Même s'il est encore en croix – Il sera en croix jusqu'à la fin du monde, tant qu'il y aura un homme à sauver –, Il est ressuscité. Il est vainqueur de la mort.

Stan détaille quelques personnages situés sous les bras étendus du Christ :

— C'est pourquoi tous les personnages de l'icône sont dans la joie ! La Vierge Marie sourit à l'apôtre Jean. Jésus, dans ce médaillon de l'Ascension, au-dessus du crucifix, sourit en montant au ciel. Le centurion de l'Évangile rit en portant son fils guéri sur son épaule... La croix de Jésus, c'est la victoire de Dieu sur la mort, le bonheur de l'homme, sa libération, la réponse d'amour à tous les pourquoi que celui-ci crie dans sa nuit. Puisqu'Il est mort, nous sommes vivants !

Le moine pose ses lèvres sur l'icône, sur les mains, les pieds, et le côté blessé, d'où jaillissent des flots de sang. Puis il pointe du doigt successivement les cinq personnages placés sous les bras de Jésus.

— Et nous les hommes, nous sommes à ses pieds. Nous sommes Marie-Madeleine, la prostituée repentante ; nous sommes le centurion, qui a mis sa foi entière dans le Seigneur, qui a cru en Sa parole ; et la Vierge Marie, notre Mère, au regard de tendresse pour chacun de ses enfants ; et l'apôtre Jean, le disciple fidèle et bien-aimé ; et cette autre Marie, mère de Jacques, un cousin de Jésus, qui représente la foule des croyants humbles et oubliés de l'histoire que le jugement de Dieu couronnera de gloire un jour. Ces personnages sont tout proches de Jésus. Ils baignent dans Sa lumière. Ils sont devenus des fils de lumière ! La prière du Christ, l'ardente supplication, a été exaucée : « Père, ceux que tu m'as donnés, je veux que là où je suis eux aussi soient avec moi, afin qu'ils contemplent ma gloire » (Jean, 17, 24).

Frère Stan pressent l'objection étonnée :

— Oui, Marie-Madeleine, une prostituée, aux pieds de Jésus ! Elle illustre la parole du Christ : « Il y aura des derniers qui seront premiers. » Marie-Madeleine, de laquelle sont sortis sept démons,

Frère Stan célèbre la messe devant le crucifix de Saint-Damien. Ici, et déjà dans l'Au-delà.

et dont Jésus dit qu'elle a beaucoup aimé ! L'amour de Dieu éclate en elle : regarde comme elle est proche de lui, dans la gloire ! Comme elle est proche de nous aussi, de nos prostituées, de nos drogués...

L'amie Valentine irait très bien dans le tableau, entre le centurion et Marie-Madeleine.

— Dieu m'a donné Valentine comme preuve de sa puissance, reprend Stan. Par elle, Il m'a montré qu'Il est capable de relever ce qui est à terre, de sauver ce qui est perdu, de recoller les morceaux et de faire encore plus beau. Humainement, Valentine était foutue. C'est un miracle. Cette femme m'aide à espérer ! Espérer, comme le centurion, là, vêtu de son manteau rouge. Cet officier romain dont le fils était en train de mourir a cru en Jésus, et Jésus a guéri son enfant. La maladie de son fils a été pour lui l'occasion de rentrer dans la Vie. Vois comme il fixe le Sauveur ! C'est un modèle pour nous : ne fixer que le Christ. Il est l'alpha et l'oméga, le début et la fin, la source de toute vie et la réponse à toutes questions ! N'oublions pas les deux petits personnages, situés l'un aux pieds de Marie, l'autre aux pieds du centurion : ce sont les bourreaux de Jésus. Ils ont eu beau s'acharner contre lui, ils n'ont réussi qu'à le glorifier ! Ils ont maintenant, eux aussi, les yeux fixés sur lui. « Père, pardonne-leur, ils ne savent pas ce qu'ils font [1]... »

Ce crucifix délivre un joyeux sentiment d'apaisement. Dans le silence, Stan baise l'icône, s'agenouille et sort de la pièce. Les frères prostrés n'ont pas bougé d'un poil.

Dans le vestibule, frère Shawn continue de compter ses sacs plastique. Il a fini par enfiler des chaussettes. Il doit bien faire zéro degré.

---

1. Cette exégèse du crucifix de Saint-Damien doit beaucoup à la remarquable étude de frère Marc Picard, prêtre capucin canadien, intitulée *L'Icône du Christ de Saint-Damien* (éditée par la Casa Editrice Franciscana).

Stan sort sur le perron de la fraternité. La neige a cessé de tomber. Une vingtaine de personnes – des femmes de couleur, pour la plupart – font la queue dans l'escalier extérieur, emmitouflées. Elles attendent la distribution en bavardant. « Hé, *father* Stan, comment va ? » Le franciscain connaît chacune par son prénom. Il demande des nouvelles des enfants.

La neige étouffe les bruits, recouvre la laideur. Le Bronx est presque beau sous la neige. Comme un drap immaculé remonté sur un corps blessé.

— Un jour, nous rentrerons tous dans l'icône, lance Stan. Alors nous serons dans le cœur du Mystère, nous recevrons la réponse à nos questions !

L'ardent franciscain trace d'un doigt deux mots sur le pare-brise enneigé d'une voiture : Paix et Joie. Les femmes applaudissent en riant.

— *Peace, yeeaaahh !*

Où frère Thomas
voit des signes de Dieu dans l'adversité

Frère Thomas essuie la vaisselle dans la cuisine. Délicatement, ce frère grand-cœur, qui recueille les intentions de prière de tout le quartier, essaie d'expliquer qu'il est sage ici-bas de ne pas essayer de tout comprendre. « Quand les obstacles vous tombent dessus, c'est bon signe, dit-il : quand quelque chose de bien va survenir, il n'est pas rare que Satan se déchaîne ! » Il a appris cela en arrivant à New York, raconte-t-il. Ce jeune homme, originaire de Californie, avait rendez-vous avec frère Andrew, le gardien des Franciscains du Renouveau, à la maison de formation de Yonkers, pour discerner le bien-fondé de sa vocation.

« À New York, raconte frère Thomas, les incidents se sont enchaînés comme les gags dans un film comique : je me suis égaré, j'ai confondu les autoroutes, la pluie tombait à verse, il faisait nuit, je n'y voyais rien malgré les essuie-glaces. J'ai essayé de téléphoner pour prévenir frère Andrew de mon retard : non seulement la cabine était en panne mais j'avais perdu mon agenda. Je me disais intérieurement : "Oh là, là, là, c'est bon signe, c'est bon signe."

Sur l'un des ponts de l'Hudson, je réalise trop tard que ma file est bloquée. Je pile, je braque pour éviter la voiture qui me précède, je dérape, mon véhicule effectue un tête-à-queue – par miracle, je n'accroche personne – et je me retrouve sur la voie inverse. Le temps de trouver une sortie et de reprendre la bonne direction, voilà quinze minutes écoulées. Bon signe, bon signe ! J'arrive enfin à Yonkers ; là impossible de me repérer et de trouver l'adresse. Je tourne pendant une demi-heure dans des rues

Dans la cuisine de Saint-Crispin, frère Denis-Antoine fait le grand ménage. Quatre fois par an, les frères vident leurs placards et donnent le superflu.

désertes. Bon signe, bon signe ! J'aperçois enfin quelqu'un, je lui donne l'adresse du couvent : "Où est-ce ?" Il me répond : "Ici ! Vous êtes arrêté juste devant." Je sonne. Un frère m'ouvre. J'entre et je ressens aussitôt une grande paix m'envahir. C'était le signe, le bon signe ! J'étais enfin à ma place. »

Où le journaliste Glenn Sudano *renonce à livrer de mauvaises nouvelles pour annoncer la Bonne Nouvelle*

Le couvent Notre-Dame-de-Guadalupe est situé au nord du Bronx, sur la Bainbridge Avenue, entre l'hôpital Montefiore, gigantesque mausolée de brique rouge, et le cimetière Woodlawn, immense vallon d'herbe verte. Sur les silencieuses pelouses de la nécropole, parsemées de tombeaux anciens, d'obélisques, de chapelles funéraires, de colonnades tronquées, les novices de la fraternité s'initient à la récitation du Livre des Heures, parmi toutes ces âmes qui reposent en paix.

Le maître des novices, Glenn Sudano, est l'un des huit capucins fondateurs de la communauté. Cet enfant de Brooklyn, avec sa fine moustache et son bouc noir, ressemble à un mousquetaire. Des cernes sombres sous ses yeux de braise soulignent la pâleur de sa peau. Se levant tôt, se couchant tard, il déclare à qui veut l'entendre : « Mon désir de dormir est si puissant qu'il est une preuve que l'éternité existe. » Glenn a la charge délicate de discerner si les jeunes gens qui viennent de toute l'Amérique toquer à la porte de la communauté sont bien appelés à y entrer pour toujours.

Gamin, Glenn rêvait de devenir journaliste. À la fin de ses études, il est embauché à CBS News. Il exulte en déchiffrant sur les téléscripteurs les dépêches qu'il répartit selon les services concernés. Il court, il court, Glenn Sudano, pour distribuer les nouvelles qui affluent du monde entier. « *Bad news are good news* » (« Les mauvaises nouvelles sont de bonnes nouvelles »), telle est sa devise.

Les *bad news* ne se renouvellent guère, en fait : guerres, vols, viols, tueries, trahisons, adultères, scandales, krachs financiers,

Chaque frère ne possède qu'une bure de rechange et le sac de couchage où il dort. Le bureau de frère Glenn Sudano lui sert également de cellule. L'ancien journaliste est aujourd'hui maître des novices.

désastres boursiers... Elles se répètent même sinistrement, et s'évanouissent dès qu'elles sont diffusées. Cette consommation journalière de nouvelles éphémères laisse Glenn de plus en plus sur sa faim.

Pour échapper au vacarme des téléscripteurs cracheurs de *news*, il se rend à l'église voisine à l'heure de la pause déjeuner, et se recueille dans la solitude.

« Une vieille mendiante était assise sur les marches, se souvient-il. J'ai commencé par l'ignorer. Puis, après quelques semaines, je l'ai saluée. Elle m'a répondu. Nous nous sommes parlé. Je lui ai proposé un petit bout de mon sandwich. Le lendemain, la moitié. Puis, enfin, je lui ai tout donné. Et j'ai goûté une joie que je n'avais jamais éprouvée.

Plus je priais, plus je commençais à voir le monde et ma vie autrement, poursuit Glenn dans son bureau nu de la fraternité Notre-Dame-de-Guadalupe. La source de tous ces maux qui s'affichaient sur mes écrans, c'était le cœur de l'homme, j'en étais convaincu. Si l'homme changeait, le monde changerait. Or le but de l'énorme technologie dont nous disposions dans les médias n'était pas de changer le cœur de l'homme, mais d'annoncer au monde les problèmes du monde – ou bien de le divertir de ces soucis. J'étais devant un choix : voulais-je vouer ma vie à cette industrie du divertissement et de l'information éphémère, ou essayer de changer le monde en changeant le cœur des hommes ? »

Glenn prend une semaine de congé pour réfléchir. Au retour, la reprise du travail est rude. Les machines crépitent, les écrans se couvrent de caractères envoyés de Bangkok, Los Angeles, Paris et Beyrouth, les textes défilent, mais Glenn a de moins en moins le cœur à l'ouvrage.

Lors de sa pause, il retrouve le chemin de l'église. Sur les marches de l'édifice, il aperçoit sa vieille amie. Le visage de la mendiante s'éclaire : « Oh, vous êtes revenu ? J'ai eu si peur de ne plus vous voir. Durant une semaine, je n'ai parlé à personne et personne ne m'a parlé. Je suis si heureuse de vous retrouver... » Glenn, bouleversé, voit sa vie basculer dans le regard de cette femme.

Oui, il continuera à courir, il dormira peu, il mangera sur le pouce, il travaillera beaucoup, souvent tard dans la nuit. Seulement, ce ne sera plus pour divertir le monde mais pour essayer de changer le cœur des hommes en devenant pauvre parmi les pauvres, au service de la Bonne Nouvelle.

Du rôle de la bure
et de la chaussette dans l'évangélisation

FRÈRE BERNARD prend le métro le soir de Noël et se presse de rejoindre ses frères pour la messe de minuit. Un type se plante soudain devant lui, regarde ses pieds, et lance haut et fort dans le wagon :

— Oh, le pauvre fou, il n'a pas de chaussettes !

Bernard le regarde en souriant. Le type poursuit :

— Tu as remarqué, pauvre fou, que tu n'as pas de chaussettes ? Que tu es nu-pieds dans tes sandales et qu'il fait moins dix degrés dehors ?

Tous les passagers fixent bien sûr les pieds de Bernard.

— Tu viens d'où, bouffon ?

— Du South Bronx, et j'y retourne, dit Bernard, pacifique.

— Non, avant le Bronx, je veux dire... du pôle Nord ? Tu es un esquimau ?

Rires dans le wagon.

— Des centaines de gens ont dû se moquer de toi aujourd'hui !

— Oui. Comme ils ont ri de saint François d'Assise...

— ... ?

— ... et de Jésus-Christ, il y a deux mille ans, dont on va fêter la naissance ce soir, poursuit Bernard. Jésus avait-il des chaussettes ?

— Ben, euh... non !

— ... et on s'est bien moqué de lui, n'est-ce pas ?

— Euh, ouais... Bon, OK, je te présente mes excuses, je suis allé trop loin. Tu es de quelle religion ?

Les deux hommes engagent la conversation. Bernard annonce les merveilles de grâce que le Seigneur va faire naître dans le

Quatre heures par jour, remplir de prière le silence comme on remplit d'air ses poumons.

cœur des hommes de bonne volonté, ce soir. Son persécuteur repenti lui demande son numéro de téléphone. En retrouvant ses frères, Bernard confirme que l'évangélisation se passe très bien de chaussettes.

Les gens ne viennent plus à l'église ? Les frères soutiennent que l'Église doit aller vers les gens. Leur premier instrument d'évangélisation est leur habit religieux qu'ils surnomment le « sermon silencieux ».

Les drames familiaux sont tels dans le Bronx que plusieurs frères ont vu des femmes du quartier les aborder dans la rue et baiser un nœud de leur corde de reins en soupirant : « La chasteté... comme vous avez de la chance ! » Ce à quoi les religieux répondent : « On choisit son mari, on choisit ses amis, mais on ne choisit pas ses frères ! »

« En moyenne, nous disons une centaine fois "bonjour" quand nous prenons le métro, constate frère Stan. Le Bronx est un milieu dur mais amical. Les gens conservent un grand respect pour la religion, même s'ils l'assaisonnent souvent à leur sauce personnelle. Dieu fait partie de leur vie : leur pauvreté n'est pas seulement matérielle ; ils reconnaissent des puissances qui les dépassent, qu'ils adorent ou qu'ils craignent. Il faut être pauvre pour croire. Ce n'est pas vrai à Manhattan où la seule religion qui vaille est celle du dollar. Comment veux-tu reconnaître quelqu'un au-dessus de toi quand par un simple coup de téléphone, en quelques secondes, tu gagnes 500 000 dollars ? Dans le Bronx, bien des gens vivent avec 500 dollars par mois. Le fric n'est pas Dieu. Je préfère vivre ici qu'à Manhattan. La vie y est plus gaie. »

Où Marcus, enfant malmené du South Bronx, et Seraphim, fils couvé d'une riche famille de Philadelphie, *échangent leurs témoignages en réparant une douche qui fuit*

Ils s'entendent comme larrons en foire alors qu'il n'y a, apparemment, pas d'hommes aussi opposés que Marcus, enfant du Bronx, malmené par la vie, et Seraphim, l'enfant choyé d'une famille bourgeoise. Ils partagent tous deux la passion du bricolage et celle de l'eucharistie.

Marcus T. est un Portoricain râblé, au teint mat, presque olivâtre, à la peau tavelée. Sa voix, éraillée, semble sortir d'un *gun* à répétition ; il parle en rafales de phrases sèches et courtes.

Les frères font souvent appel à ses talents manuels. Ce jour-là, Marcus vient de réparer une inondation dans les douches du *shelter* Padre Pio, assisté par frère Seraphim, poète à la barbe rousse. À la suite de quelle anecdote Marcus commence-t-il à narrer son histoire ? Je ne m'en souviens plus. En revanche, je n'ai pas oublié son incroyable témoignage.

« Ma mère est née dans une ferme de Porto Rico, au sein d'une famille de treize enfants. Son père était si dur et si violent qu'elle s'est enfuie à l'âge de quinze ans aux États-Unis, seule. Elle n'avait aucune ressource et squattait le toit d'un *housing project*[1]. À force de travail, elle a appris l'anglais et est devenue concierge. Son fiancé l'a rejointe à New York et nous sommes nés, très vite :

1. Équivalent de nos HLM, dans ces quartiers pauvres de l'Amérique.

deux filles puis trois garçons. Mon père avait une prédilection à mon égard et ma mère me jalousait. Il s'est mis à boire, à devenir de plus en plus violent. Les relations entre mes parents sont devenues infernales. Jusqu'au soir où, rentré ivre à la maison, il nous a battus jusqu'au sang. Ma mère le mit à la porte pour toujours. Nous ne l'avons jamais revu.

Ma mère avait cinq gosses à charge. Elle a dû travailler pour nous faire vivre. Je suis devenu responsable de la maison ; je faisais le ménage et la cuisine alors que mes copains jouaient dans la rue. Ma mère m'en voulait. Son ressentiment était puissant et les reproches pleuvaient quand la maison n'était pas en ordre. Elle me battait souvent, me giflait, me marquait avec un couteau chauffé à blanc ou me frappait avec un fil de fer à repasser. J'avais onze ans et je suçais mon pouce. Alors, elle me versait de l'eau brûlante dessus.

Prise de regrets, elle alternait les coups et les embrassades, mais je n'en pouvais plus de ces chauds et froids imprévisibles. Je décidai de quitter en douce la maison. Ce jour-là, j'avais préparé ma valise, je venais de fermer la porte quand elle me surprit sur le seuil : elle était revenue plus tôt du travail. Hors d'elle, elle me frappa avec un portemanteau clouté et me déchiqueta le visage. Je pissais le sang, un voisin m'emmena à l'hôpital, on me fit quinze points de suture. Je ne revins pas chez moi. Un oncle m'hébergea dans son garage. Dès que j'ai pu, j'ai trouvé des petits boulots et loué une chambre.

C'est l'asthme qui m'a sauvé de la drogue. J'ai failli mourir d'étouffement en fumant. Puis, j'ai vu mes amis mourir d'overdose, ou du sida, et leurs enfants assister à cette mort horrible et lente de leurs parents. Cela m'a soigné...

J'ai eu peur de la prison, aussi. Rester enfermé entre quatre murs avec des mecs malades et violents, cela me terrorisait. Alors je me suis mis à travailler dur. J'ai découvert l'honnêteté par nécessité. Je suis devenu maçon. Durant des mois, j'ai mangé des saucisses et du riz pour me payer ma formation tout en faisant des jobs par-ci, par-là. Je ne dormais que quelques heures par nuit. Mais c'était le bonheur, car j'avais connu l'enfer. Au moins, ma mère ne me battait plus !

Mes deux frères étaient accros à l'héroïne. Ils se mirent à battre ma mère. Elle était très catho et elle appelait le Ciel à son secours. Personne ne venait. Je la haïssais mais elle m'avait donné la vie ; quelque part, je la respectais. Je haïssais encore plus Dieu de laisser faire une saloperie pareille. Son corps était couvert de bleus, ses lèvres coupées. Quand je lui rendais visite, elle mentait : "Mais non, Marcus, tes frères ne m'ont rien fait, je suis tombée dans l'escalier." J'étais fou de rage. Toute la haine que j'accumulais depuis des années, je suis allé la décharger contre ces fumiers, mes propres frères. C'était facile, ils étaient camés. Je leur ai passé une dérouillée pour venger ma mère. Ces salauds ont appelé les flics ; j'ai été arrêté et incarcéré pour coups et blessures.

À ma sortie de prison, ils ont voulu se venger et m'ont agressé : mais j'avais emmagasiné tellement de violence durant cette incarcération que je les ai frappés. À tel point qu'ils ont dû aller demander protection à la police ! Les visites à ma mère m'ont été interdites, alors qu'ils continuaient à la battre et elle à crier : "Dieu va venir à mon secours, Dieu va venir à mon secours." Tu parles ! Moi, je maudissais Dieu. J'allais voir les flics, et je leur disais : "Vous voyez bien que ce n'est pas moi qui la bats !"

Sur ces entrefaites, il y a trois ans, je croise deux franciscains dans la rue. Je leur demande s'ils n'ont pas un peu de boulot pour moi, car je ne peux pas quitter ma mère pour travailler sur des chantiers éloignés. Ils m'ont trouvé des jobs.

En replâtrant un mur, un jour, l'un d'eux m'a parlé des Youth 2000. Il m'a invité à un rassemblement qu'ils organisaient le week-end suivant. Mon ancien gang m'avait remis la main dessus et j'étais complètement coincé, dans la mouise jusqu'au cou. De plus, j'avais kidnappé ma mère !

Oui, comme je craignais le pire – mes frères se droguaient plus

Derrière la violence et la misère, se cache le sourire du Bronx.

que jamais –, je l'avais enlevée. J'avais réussi à passer au-dessus du grillage et à rentrer dans la cour de l'immeuble. Les salauds avaient acheté un pitbull : j'ai dû tuer le chien. J'ai découvert ma mère complètement droguée. Ils la camaient, chaque fin de mois, pour lui voler sa retraite ! Je l'ai emmenée chez les flics. Ils ont fait un rapport et je l'ai cachée chez ma sœur. Mes frères étaient fous – ils avaient perdu leur pompe à fric ! Ils écumaient la famille pour essayer de la retrouver. J'ai pu louer un petit appartement où je l'ai installée. Mais toutes ces émotions m'avaient vidé ; j'étais au bout du rouleau...

Je les aimais bien, les franciscains, je leur faisais confiance. Alors je suis allé à leur Youth 2000. Plus rien ne pouvait me décevoir ! C'était le soir, le prêtre venait de poser l'ostensoir au sommet d'un brasier de bougies, comme une pyramide de flammes ; en voyant tous ces jeunes agenouillés, je me suis mis à pleurer, à pleurer, ça coulait... Ces larmes lavaient le poison de la haine. Je reprenais espoir. J'étais venu avec une tonne sur les épaules et je suis reparti plus léger, sans savoir précisément pourquoi. En rentrant chez moi, j'ai rangé mon revolver : je ne voulais plus tuer mes frères. Quelque chose avait changé en moi. Je ne dis pas que je serais allé les embrasser... Ils m'ont encore fait des vacheries.

Quelques semaines plus tard, je me suis rendu à un second Youth 2000. Je me suis confessé, j'ai confié à Dieu toute la haine que j'éprouvais pour ma mère et pour mes frères. Une nouvelle fois, je me suis retrouvé en train de pleurer, comme une fontaine. Des larmes de joie parce que, au fond de moi, je pardonnais à ma mère.

Cette confession-conversion n'a pas bouleversé miraculeusement mon existence. J'ai été contraint de passer mon initiation dans un gang – je ne pouvais pas reculer, ils m'auraient tué. Je devais flinguer un type qui avait offensé notre chef. On a sillonné le quartier toute la nuit, heureusement, on ne l'a pas trouvé ; j'y ai vu comme un signe, un sursis accordé par Dieu. En rentrant à la maison, j'ai aperçu le tee-shirt Youth 2000 sur mon lit et j'ai pleuré sur ma misère.

Aujourd'hui, j'ai enfin pu lâcher le gang. J'ai obtenu la garde légale de ma mère, et je viens de vivre une merveilleuse réconciliation avec elle. Je poursuis mon chemin dans la droiture et je témoigne devant les jeunes que Dieu est le maître de l'impossible. »

Silence. Un jeune homme en salopette bleue, à la barbe rousse, aux lunettes rondes, se lève et donne une accolade fraternelle à Marcus. Frère Seraphim prend la parole à son tour.

« Je suis, moi, un enfant gâté, né dans une famille cossue de Philadelphie. J'ai été baptisé luthérien dans l'Église unie du Christ, une Église protestante, mais j'étais le seul, de ma famille, à me rendre au temple chaque dimanche.

À l'âge de douze ans, mes parents m'ont placé dans une école catholique, réputée pour son niveau scolaire, raconte-t-il. Je ne connaissais rien à cette religion. Devant la statue du Sacré-Cœur qui ornait le hall de l'école, j'ai pensé : "Drôle de bonhomme, pourquoi a-t-il le cœur au milieu de la poitrine ?"

Comme j'étais l'organiste de l'école, il m'arrivait souvent d'accompagner des messes à l'orgue ; j'aimais cela. Je pris l'habitude d'assister à la messe, chaque jour, à l'heure du lunch. Chaque fois que je pénétrais dans une église, je sentais une présence qui m'attirait. Étrange situation : le seul élève à suivre la messe de semaine était protestant !

J'étais adolescent lorsqu'on nous proposa, dans le cadre scolaire, de suivre un week-end de retraite spirituelle pour approfondir notre relation personnelle avec le Christ. À la fin de la session, eut lieu un exercice dénommé la "marche de la foi" : notre groupe était divisé en paires de garçons qui ne se connaissaient pas. L'un des deux avait les yeux bandés et devait suivre les indications de son compagnon. Le but était de faire l'expérience de la confiance en acceptant de s'en remettre à l'autre. Je cherchais quelqu'un pour composer ma paire quand j'aperçus un drôle de petit bonhomme, seul dans son coin. Je lui proposai de me guider, il accepta. On me banda les yeux, et le petit bonhomme commença à m'indiquer le chemin.

En fait, je n'avais pas confiance en lui : je me méfiais et regardais mes pieds par l'interstice du foulard. Je constatais ainsi que le bonhomme me conduisait le long de la rivière, sur la berge, et la peur me saisit. Tout d'un coup, je me suis arrêté : "Seraphim, me suis-je dit, vas-y à fond, joue le jeu, donne ta confiance, ne sois pas tiède !" J'ai fermé les yeux, et j'ai repris la marche pour de vrai. Ma vision intérieure fut bouleversée à cet instant : ce n'était plus au drôle de petit bonhomme que j'obéissais, c'était au Seigneur que je donnais ma confiance et ma vie. J'imaginais le Christ à mes côtés ; ma peur disparut, et un immense sentiment de paix m'envahit.

"Viens et suis-moi" : cet appel du Christ, je l'entendais au moment précis où je venais de donner ma confiance. Lorsque l'exercice prit fin, le petit bonhomme me dit : "C'est étrange, tu t'es arrêté à un certain moment. Lorsque tu as repris ton chemin, tu semblais tellement savoir où tu allais que c'est toi qui me guidais et c'est moi qui te suivais."

Mon guide était prêtre ; je lui confiai que j'avais entendu à cet instant une voix intérieure me dire : "Viens et suis-moi." "C'est peut-être le signe d'une vocation sacerdotale", me répondit-il. Je demeurai coi : étais-je appelé à être prêtre avant même de devenir catholique ?

Ma relation avec le Seigneur devint de plus en plus intime ; je passais ma vie avec Lui ; j'allais chaque jour à la messe ; je priais longuement à la chapelle. Je savais que Dieu y était présent mais sans savoir explicitement comment. Enfant, j'avais été frappé en voyant des jeunes collégiens faire la génuflexion devant la porte de l'église ; qui pouvait bien motiver cette prosternation respectueuse de la part d'enfants turbulents ?

Je répétais souvent une prière écrite sur les murs de la chapelle : "Seigneur, fais de moi un instrument de ta paix !" On me renseigna : elle était de François d'Assise. Je me documentai sur ce saint et je fus frappé par sa vie simple, donnée totalement, sans aucune concession au monde. Je me mis, comme lui à Saint-Damien, à bricoler dans la chapelle, à balayer, à passer des heures entières en discussion avec le Seigneur. Une statue de la Vierge, également, me fascinait.

J'étais âgé de dix-huit ans lorsque je confiai, un jour, à un ami prêtre, cette évidence que je ne pouvais plus cacher :

— Je voudrais être prêtre.

Il me répondit :

— Seraphim, c'est très beau, mais tu ne crois pas qu'il y a un petit problème ?

— Un petit problème ? Non, je ne vois pas...

— Mais tu es protestant !

— Oh, c'est vrai, j'avais oublié !

À ce moment précis, je sus que je serais un jour catholique. Organiste en chef des églises du comté, je visitais de nombreux temples. Ils se ressemblaient tous : froids, blancs, nus, vides... Je ressentais dans ces sanctuaires ce que vivent les catholiques le vendredi saint : l'absence de la Présence. Je sus alors que je croyais en l'eucharistie ! J'étais tellement touché par cette folie de Dieu qui se livre totalement entre nos mains de pécheurs que j'en parlai à mon père. Le choc fut brutal. Mon frère me provoqua immédiatement :

— Les catholiques affirment que le pain est le corps du Christ, et que le vin est le sang du Christ. C'est de la folie ! Est-ce que tu y crois, toi aussi ?

— Oui, je le crois.

Pour la première fois, je formulais ma foi catholique publiquement, devant un témoin. À cet instant, je devins catholique.

J'ai demandé le baptême, la communion et la confirmation. Je rentrais dans l'Église et je reçus le corps du Christ le 7 juin 1987.

Ma famille toléra ma conversion mais n'acceptait pas mon désir d'être prêtre. J'ai dû cacher ma vocation durant des mois,

Chaque frère passe deux jours par mois dans la solitude d'un ermitage, à trois heures de New York.

inventer des sorties avec des amis pour ne pas avouer que je me rendais à des retraites. Jusqu'au jour où, faisant des courses avec ma mère, elle arrêta la voiture et se tourna vers moi :

— Tu veux aller au séminaire, n'est-ce pas ?

Je n'avais jamais eu le courage de le lui avouer, mais elle avait deviné. J'ai saisi la perche :

— Oui, maman, je voudrais entrer au séminaire.

Le plus drôle c'est que le directeur des vocations du diocèse d'Attletown me dit : "C'est impossible, vous devez être catholique depuis plus de six mois !" Il fallut lui prouver que j'allais en fait à l'église chaque jour depuis trois ans. Ils m'acceptèrent finalement au séminaire Saint-Charles de Philadelphie.

Je m'y installai avec tous mes objets anciens – j'avais rêvé d'être antiquaire –, mes bibelots, mes livres d'art... J'ai transformé ma chambre en un véritable musée, une confortable bonbonnière. Un jour, l'un des employés du séminaire me dit : "Oh, c'est votre chambre ? J'ai cru que c'était la suite du cardinal !" J'étais gêné...

Je passais un jour par semaine avec des enfants handicapés. Je découvris que leur simplicité, leur vulnérabilité, étaient de véritables richesses. J'étais d'autre part très choqué de voir de nombreux *homeless* dormir à terre, dans le froid, devant le porche de la cathédrale de Philadelphie, dont les portes demeuraient fermées. Ces deux expériences me bousculèrent. Je ressentis un appel à vivre plus pauvrement. Au fil des quatre années de séminaire, ma chambre se vida progressivement ; je me détachais, sans mal, de biens que je considérais de plus en plus comme superflus.

Plus je me dépouillais, plus j'étais heureux, plus je ressentais l'appel à tout donner. Je me mis à prospecter auprès de communautés franciscaines. J'étais mal à l'aise dans certaines fraternités qui me paraissaient plus protestantes que catholiques. J'ai fini par crier vers le Ciel : "Seigneur, envoie-moi un prophète !"

Quelque temps plus tard, frère Benedict, des Franciscains du

Renouveau, vint prêcher une retraite à Philadelphie ; puis frère Andrew, leur gardien ; enfin frère Glenn, le maître des novices. Ils étaient très différents tous les trois, mais je me sentais sur la même longueur d'onde. J'allai passer une semaine au noviciat de New York. Glenn joua l'avocat du diable. Il fit tout pour me décourager :

— Seraphim, va visiter d'autres communautés !

— Non, j'en ai assez vu, je sais que c'est la bonne !

— Ça ne suffit pas, va voir ailleurs si ta place est ici !

Je partis en pleurs.

Un an plus tard, je revins. Sûr et certain de mon choix. Glenn m'accueillit les bras ouverts.

Ma famille avait à peine accepté ma conversion au catholicisme que je lui annonçais mon entrée au séminaire ! Elle était en train de se faire, difficilement, à l'idée que je serais prêtre et je lui apprends que je deviens franciscain ! J'ai dû profiter d'un repas de famille au restaurant pour le leur dire, afin d'éviter l'esclandre ! »

Frère Shawn embrasse la vieille Margarita dans le vestibule de Saint-Crispin.
« La pire maladie qui puisse frapper l'homme est d'être indésirable. »
(Mère Teresa)

Comment chaque frère
a un lépreux à embrasser

Un immense Noir d'une quarantaine d'années aborde un jour frère Glenn dans la rue, et lui saisit le bras :

— Tu es un moine chrétien ?

— Oui, je suis prêtre catholique, répond Glenn, surpris.

— Yeaaah, cool, cool, super, prêtre catholique, eeeh man ! crie le Noir en tirant Glenn à lui.

— ... et religieux, ajoute celui-ci, un peu désemparé, se demandant si le géant ne va pas le manger tout cru.

— Ah, religieux, yeaaah, cool, oooooooh super !

— Oui, religieux franciscain.

— Yeaah, cool, génial, religieux franciscain !

« Il s'accrochait tellement à moi que j'ai fini par m'agripper à lui, raconte Glenn. Nous sommes restés plusieurs secondes l'un contre l'autre, nous donnant l'accolade au milieu du trottoir. Il répétait "cool, yeaaah, cool", en me serrant contre lui. Quand il s'est détaché de moi, il m'a dit : "Merci, mon frère. Merci pour la sainte touche." Il est parti en chantonnant.

C'est moi qui aurait dû le remercier : j'ai compris grâce à cet homme un peu « dérangé » qu'il nous faut toucher les pauvres. Cette "sainte touche" est non seulement un signe d'affection et d'amour, mais une façon d'embrasser le Christ qui se cache dans le pauvre. »

La vie de saint François d'Assise n'a-t-elle pas basculé par la grâce d'une « sainte touche », le célèbre baiser au lépreux ? Le Petit Pauvre raconte lui-même, dans son Testament, « comment il se convertit » : « Au temps de ma vie pécheresse, écrit-il, rien ne me dégoûtait comme de voir des lépreux. Ce fut le Seigneur qui me poussa à aller vers eux. Je le fis, et tout fut dès lors tellement changé pour moi que je trouvai doux et aisé ce qui m'avait d'abord semblé pénible et insurmontable. Et, peu après, j'abandonnai définitivement le monde. »

On imagine ce matin de l'an 1205. Le beau François éperonne son cheval sur les chemins poudreux de San Lazaro d'Arce, à trois kilomètres au sud d'Assise, dans la plaine. Il galope, se grise du vent, s'enivre de la cavalcade, sans entendre la crécelle derrière la frange noire des cyprès. Soudain, il découvre, en face de lui, la silhouette du lépreux. Pousse un cri de frayeur. Tire sur les rênes. Le cheval hennit, se cabre, à quelques mètres de l'ombre vivante. Tremblant, le jeune homme scrute le visage masqué sous la capuche. Cette trogne répugnante a dû ressembler à un visage humain il y a longtemps. Une boursouflure noirâtre, deux trous béants d'un groin de porc en guise de nez. François a envie de vomir.

Il va piquer sa monture pour fuir le cadavre ambulant, quand son regard croise l'autre regard. C'est une lueur de souffrance et de supplication. Un cri silencieux, éperdu. François ferme les yeux un instant.

Sur le chemin de conversion qui le conduit à être pauvre parmi les pauvres, François sait qu'il vient de croiser la grande épreuve. Murmure-t-il : « Seigneur, c'est toi qui te caches en cet homme défiguré. Attire-moi vers toi. » ? Le fils du drapier Bernardone descend de cheval et s'avance vers le lépreux. Il ne voit plus, sous le capuce, la trogne répugnante mais un reflet de la Sainte Face. À trois pas du mort vivant, il trace dans l'air un grand signe de croix comme s'il voulait chasser les derniers démons. Il tire de sa ceinture une bourse qu'il coince entre les deux moignons. Puis il s'agenouille et les baise. Se relève, étreint la dépouille. L'embrasse. Et se laisse embrasser.

François Bernardone est devenu François d'Assise.

Son seul modèle sera désormais le Christ, « qui naquit pauvre, vécut très pauvre en ce monde, demeura pauvre et nu sur la croix, et fut enseveli dans le tombeau d'un autre ».

Chacun des frères du Bronx a un lépreux à embrasser. Frère Michael, ancien cadre supérieur dans une compagnie d'électricité, a choisi de visiter des malades du sida en phase terminale. Il se rend chaque semaine au centre Gift of Love (Le don de l'amour). Cette maison ouverte par mère Teresa dans le quartier homosexuel de New York accueille les malades condamnés, refusés par les hôpitaux, privés de famille... Une nuit, frère Michael dort au premier étage de Gift of Love lorsqu'il entend des plaintes. Il se lève et trouve un malade gisant à terre. L'homme est tombé de son lit. Il geint. Michael découvre, horrifié, le squelette maigre et pâle couvert de plaies. La tentation de fuir traverse le franciscain, l'image du lépreux aussi. Michael balaie sa répugnance, saisit l'homme à bras-le-corps et, dans une délicate accolade, le remonte lentement sur sa couche. Une joie vive l'envahit.

« Mon lépreux, ce fut une femme, une *homeless* à qui j'ai refusé d'ouvrir la porte du couvent, témoigne frère Stan à son tour. Elle était handicapée mentale, ne me quittait pas d'une semelle, sans jamais dire un mot. Elle m'épuisait, me pompait, et je ne pouvais plus la supporter ! Elle sonnait plusieurs fois par jour à la porte. Un jour, j'en ai eu marre, je l'ai renvoyée. Bien sûr, cinq minutes plus tard, j'avais le cœur brisé.

Le lendemain, heureusement, elle est revenue. Je lui ai ouvert grand la porte, je lui ai sauté au cou, je l'ai embrassée en lui demandant pardon pour la veille. Et, pour la première fois, elle s'est mise à parler... Dieu se sert parfois de nos péchés pour délivrer ses grâces ! »

« Les lépreux, aujourd'hui, sont plutôt les personnes "dérangées" de nos sociétés, les "dingues" ou les handicapés mentaux, dit Glenn. Aux États-Unis, les malades psychiques – sauf les cas très graves – ne sont pas internés. Ils vivent “en liberté”, grâce à un traitement et un suivi médical. En fait, beaucoup végètent, isolés, comme des parias. Certains viennent frapper à nos portes pour parler. Ils sont sur les listes d'attente partout où ils vont ; on s'en écarte quand ils soliloquent dans le métro ou sur le trottoir... Ces personnes ont des besoins affectifs énormes mais personne ne prend le temps de les écouter. Alors nous essayons d'être un peu disponibles. Ils exigent beaucoup de patience. On ne peut pas toujours leur donner tout ce qu'ils veulent, mais au moins un peu de ce dont ils ont besoin. Une écoute, un sourire, un café... »

Glenn n'a pas fini sa phrase qu'on frappe à la porte de Notre-Dame-de-Guadalupe. « Je te parie que c'est Maureen », lâche le frère en me tapant dans la main. Maureen est une femme malade mentale âgée de quarante ans. Elle en paraît dix de plus avec ses cheveux sales et son visage marqué. Elle vient chaque jour à la fraternité. Les médicaments rendent sa diction pâteuse et figent son regard ; ses propos sont incohérents.

Glenn prend son élan dans le couloir, entame une longue glissade sur le dallage, jusqu'à la porte, en répétant « *Jesus, I love You, Jesus I love You* ». Il ouvre la porte et s'exclame en souriant : « Eeeeeeeh Maureen ! »

Un peu plus tard, c'est au tour de Gaby de sonner, une prostituée occasionnelle qui refuse l'aide des services sociaux. Puis Nicolas, héroïnomane depuis quinze ans, dont les bras piquetés n'offrent plus une parcelle de peau intacte. Il vient s'asseoir dans la salle d'attente du couvent Notre-Dame-de-Guadalupe, face au grand crucifix, durant cinq minutes.

« Dans sa course à la came, c'est une sorte de pause sacrée, confie Glenn, une halte de paix où le manque de drogue est peut-être suspendu durant quelques instants face à Celui qui a crié : “J'ai soif !”

On voit parfois de sacrés phénomènes, poursuit le maître des novices. Il y a peu, un Hispanique frappe à la porte. Manifestement drogué, il respire bruyamment, de façon hachée ; des tics nerveux lui déforment le visage. Il veut parler à un frère. Je lui propose de s'asseoir. Il commence à me raconter son histoire. À certains détails, je devine qu'il est adepte d'une secte.

— Es-tu catholique ? je lui demande.

— Non, non... une autre religion, répond-il, troublé.

— Est-ce que je peux prier pour toi ?

Le type sursaute sur sa chaise. Alors que je lui attrape les deux mains, je reçois comme une décharge électrique.

— On se calme, on se calme... Tu as déjà participé à des rituels vaudous ?

Nouvelle décharge dans les mains.

— Prie avec moi... Regarde le grand crucifix, là, devant toi, et dis le nom de Jésus !

Le type détourne le regard, transpire à grosses gouttes, tremble de plus en plus :

— Je n'y arrive pas, je ne peux pas...

— Essaie avec moi : "Jésus, aide-moi, Jésus !"

L'homme est complètement bloqué. Il n'arrive pas à articuler "Jésus".

— Essaie encore, dit Glenn. Dis : "Jésus", simplement une fois.

Il arrive enfin à crier "Jésus", puis s'écroule, en nage, épuisé.

Nous prions un peu ensemble, et je lui propose un café. Il accepte. Je vais à la cuisine. Lorsque je reviens avec deux bols, la pièce est vide, la fenêtre grande ouverte et l'homme s'est envolé. Le grand crucifix en bois noir a aussi disparu ! Zut, cet homme a été délivré d'un esprit mauvais, mais pas de celui du vol ! »

Dans l'accalmie relative du soir, entre deux appels téléphoniques, Glenn prie ainsi : « Seigneur, je te remercie pour la grâce de Te servir et de Te toucher dans tes pauvres, tous ceux qui sont désagréables, qui tombent mal, qui ne disent pas merci, qui sentent mauvais. Sans eux, je serais livré à moi-même, à mon égoïsme. Je sais aussi, Seigneur, que je suis moi-même lépreux et que j'ai à aimer la part de moi-même qui est malade, car Tu l'aimes infiniment. Merci pour ces pauvres qui m'ouvriront la porte du ciel. »

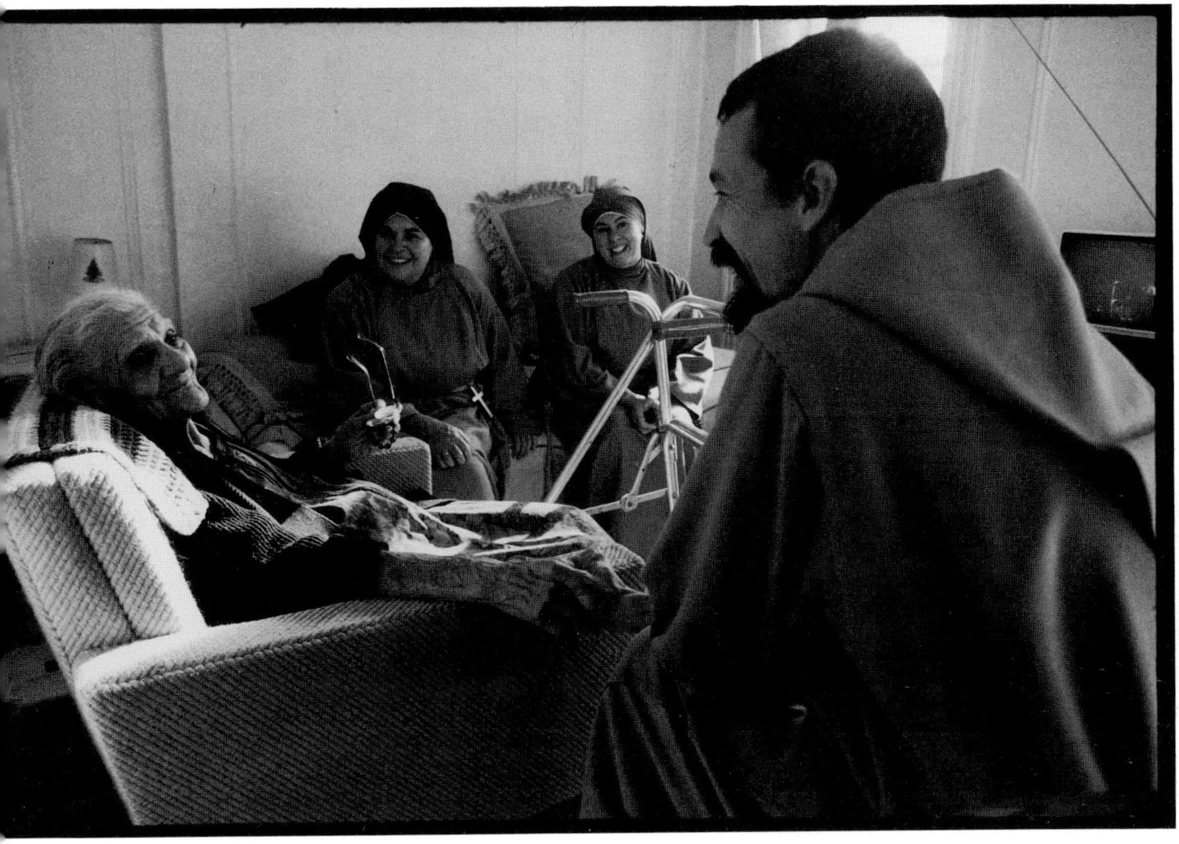

Visite d'Amelia, 80 ans. « J'ai eu faim et vous m'avez donné à manger, j'ai eu soif et vous m'avez donné à boire, j'étais un étranger et vous m'avez accueilli, malade et vous m'avez visité... » (Matthieu 25, 35)

Où frère Robert
confesse qu'il n'a pas reconnu le Christ dans une femme à barbe

New York compte plus de cent cinquante musées. La cellule de frère Robert mérite de figurer sur la liste. Ce franciscain sexagénaire, l'un des fondateurs de la communauté, est surnommé le Chinois. Ses yeux se plissent en deux fentes sur sa face ronde, sous ses pommettes roses, lorsqu'il rit. Frère Robert rit souvent.

Contrairement aux cellules des autres frères, nues et vides, la chambre de cet original ressemble à une brocante. Sur des étagères chancelantes, des livres menacent de tomber. Des bibelots de pays lointains avoisinent des reproductions d'icônes – photocopies collées sur des plaques de balsa, pauvreté oblige.

Sous des strates de papiers, on trouve un lit, objet rare chez ces franciscains. Les frères se contentent habituellement d'un sac de couchage sur un matelas mousse. Frère Robert obéit à son supérieur, père Andrew, qui lui a ordonné de dormir dans un lit après sa troisième opération cardiaque. Le cœur de Robert est trop gros ; le visiteur s'en rend vite compte quand il se voit offrir une icône, un crucifix d'ivoire, trois images pieuses, un caillou d'Assise... Frère Robert cherche à se délester de tous ses biens pour mourir léger. Tâche délicate : plus il donne, plus il reçoit.

Cette chambre de starets – frère Robert est prêtre des rites byzantin et romain – abrite aussi cinquante custodes transparentes contenant des bouts d'os, des fragments de cheveux, des morceaux de tissu de bienheureux méconnus. Frère Chinois baise ces reliques régulièrement, une à une, avec vénération, en se signant.

Il a vécu de longues années dans un couvent capucin de Brooklyn, au cœur d'un quartier de New York dévasté et violent.

« Je me souviens, les gens la surnommaient la "femme-louve", raconte-t-il, assis sur un coin de lit alors qu'une pile de livres hésite à s'effondrer. C'était une pauvresse laide et repoussante, à cause du poil hirsute qui lui poussait sur les joues, et de son odeur écœurante. Elle portait sur elle toute sa garde-robe, deux manteaux pouilleux, et ne se lavait jamais. Elle sautait d'une idée à l'autre et bredouillait, sans les achever, des phrases qui semblaient ne pas avoir de lien entre elles. Bref, elle n'avait rien d'aimable.

Un été, elle frappe à la porte du couvent. Je n'ai pas pu lui fermer la porte au nez. Elle s'est assise à côté de moi et j'ai commencé à être pris de malaise. Elle marmonnait des propos incompréhensibles avec une haleine fétide. Je ne pouvais rien répondre, j'étouffais ; elle continuait de parler. J'ai commencé à prier : "Seigneur, prends pitié, débarrasse-m'en, inspire-moi les paroles qui vont la faire partir !"

La femme poursuivait son charabia et je n'arrivais plus à respirer quand une idée m'est venue soudain à l'esprit. J'ai murmuré "chuuuut !", un doigt sur la bouche. Elle s'est tue, m'a dévisagé, les yeux ronds.

— Dieu vient de me parler, dis-je, Il vient de me donner un message pour toi.

— Pour moi ? Qu'est-ce qu'Il t'a dit pour moi ?

— Dieu m'a chargé de te transmettre ce message : "Sors vite d'ici, rentre chez toi et remplis deux pots de thé. Bois-en un avec du lait, et l'autre avec du sucre et du jus de citron." As-tu compris ?

— Oui, j'ai compris. C'est un message du Seigneur pour moi ?

— Exactement, reprit Robert, un message pour toi, ma petite sœur, et il faut que tu l'accomplisses tout de suite, c'est la volonté de Dieu !

La femme-louve sortit précipitamment. Je pus enfin respirer comme si je venais de passer trente minutes en apnée. J'étais tellement ravi de mon stratagème que j'ai raconté mon histoire aux autres frères de la communauté.

Soudain, mon regard est tombé sur la corde qui me ceint les reins, et ses trois nœuds. Ceux-ci représentent les trois vœux de religion : pauvreté, chasteté, obéissance. Pauvreté... J'ai revu en pensée le baiser au lépreux de François d'Assise. Un immense sentiment de honte s'est emparé de moi. Non seulement je n'avais pas reconnu le Christ dans cette pauvresse, mais j'avais ri et fait rire à ses dépens. J'ai battu ma coulpe : "Seigneur, prends pitié de moi, et fais que cette femme puisse m'ouvrir au moins les portes du purgatoire, Toi qui es éternelle miséricorde. Amen." »

Comment un pauvre des Appalaches *révèle à Bernard sa vocation de frère mineur*

Bernard est un frère mineur [1] à la charpente de bûcheron. Sa voix est profonde et grave. Dans sa barbe brune et fournie, les enfants aiment enfoncer leurs menottes. Frère Bernard, de ses deux mètres d'altitude, promène un regard bienveillant sur le monde et ses habitants.

Ce jour-là, Bernard musarde dans le zoo du Bronx. Une petite fille l'observe depuis quelques minutes déjà. Elle quitte soudain son groupe scolaire et s'approche de lui :

— Hello, monsieur !

— Hello. Comment tu t'appelles ?

— Tekichah.

— C'est très joli. Qu'est-ce que je peux faire pour toi, Tekichah ? demande frère Bernard.

La fillette plisse le front, réfléchit un instant, et dit :

— Êtes-vous Jésus ?

Bernard éclate d'un rire tonitruant. Le groupe d'élèves fixe le colosse hilare avec étonnement. Celui-ci se penche vers la petite fille et répond :

— Non, je ne suis pas Jésus. Mais je travaille pour Lui...

---

1. Les franciscains sont appelés frères mineurs depuis que François d'Assise prescrivit, dans le VIe chapitre de la *Regula non bullata* : « Et que nul ne soit appelé prieur, mais que tous soient d'une manière générale appelés frères mineurs. Et qu'ils se lavent les pieds l'un à l'autre. » Mineur est d'abord un terme tiré de l'Évangile : « Celui qui parmi vous tous est le plus petit *(minor)*, c'est lui qui est le plus grand *(major)* », dit le Christ à ses apôtres qui se disputent le titre de « plus grand ».

Bernard étreint « Mary du bord de la rivière ». Cette jeune femme campe avec ses dix-sept chiens sur un parking de Yonkers, au bord de l'Hudson.

Tekichah rejoint le maître d'école et fait son rapport :

— Le grand barbu, il ressemble à Jésus mais ce n'est pas Jésus. Il bosse pour Lui...

Tout le monde ne confond pas frère Bernard avec Jésus. Un soir, il crève un pneu sur la Bruckner Express Way. Il pleut à verse. Un véhicule s'arrête derrière le sien. Sans doute un chic type qui veut offrir un coup de main. L'homme s'approche, découvre, derrière le capot, le colosse barbu avec son pneu de secours dans les mains, sa robe souillée et son capuchon dressé sur la tête. Le secouriste ne demande pas son reste. Il redémarre aussitôt, croyant avoir affaire à un tueur du Ku Klux Klan.

Bernard conte ces anecdotes alors que venons de visiter l'une de ses grandes amies. « Mary du bord de la rivière », comme l'ont surnommée les frères, vit à Yonkers, un quartier chic au nord de New York. Cette jeune femme, âgée d'une quarantaine d'années, au visage fin, aux yeux très clairs, campe avec dix-sept chiens sur un parking de la rive est de l'Hudson, face à une manufacture abandonnée. Quelle blessure secrète a poussé cette décoratrice de métier à devenir une marginale dont le *mobile home* n'est plus qu'une carcasse transformée en niche géante ? Même les franciscains ignorent son secret.

Mary demeure inconsolable depuis le décès de sa mère survenu il y a quelques mois. Les deux femmes coulaient des jours paisibles dans une cabane, parmi leurs chiens. Des voisins, ne supportant plus les aboiements du chenil familial, ont incendié leur logis de planches. La maman de Mary n'a pas survécu à la méchanceté des hommes. Elle s'est éteinte comme une bougie privée de mèche.

Depuis sa mort, Mary demeure en marge de la société. Elle squatte des places de parking avec sa ménagerie ambulante. Et nourrit ses bêtes en vendant des matériaux récupérés dans les décharges.

Quand frère Bernard a garé son véhicule à côté du campement, les chiens se sont tus. Mary a couru vers le colosse. Elle a posé sa tête sur son cœur. Les frères ont enterré sa mère dans la dignité. Elle ne l'oubliera jamais.

Bernard travaille pour le Christ depuis qu'il l'a rencontré sur un chemin des Appalaches. Sa conversion, il la doit à un pauvre. Il me la raconte à l'ermitage d'Orcharm, durant sa retraite mensuelle. À deux heures de voiture de New York, trois chalets de poupée, éparpillés dans la forêt, permettent aux frères de quitter l'accélérateur de particules de la Grosse Pomme, durant deux jours, et de regonfler leurs batteries dans la solitude et la prière.

Au-delà du bois, au bout de l'immense prairie, derrière l'Hudson, les collines noires de Catskill moutonnent. Le crépuscule embrase le sommet des montagnes. Frère Bernard remet une bûche dans la cheminée. Il n'y a pas d'autre lueur, dans l'unique pièce du chalet, que celle des flammes qui dansent et de la bougie posée devant la porte du petit tabernacle.

Après des études brillantes dans des écoles huppées de Rhode Island, Bernard refuse d'intégrer l'université de Georgetown, à Washington D.C. Pour une raison : cette université est catholique. Or, les « cathos », Bernard en a par-dessus sa casquette de baseball. Pacifiste imprégné des lectures de Martin Luther King et de Gandhi, Bernard rejette le monde de mensonges et de compromissions que le Christ a condamné. Pour lui, les chrétiens pactisent avec ce cloaque dans un baiser hypocrite qui le dégoûte.

Bernard a fui le campus durant une année sabbatique. Il la consacre au relogement de familles pauvres dans les Appalaches. Il se démène du soir au matin pour construire des baraques de bois. La tâche est immense. Une goutte d'eau dans l'océan. « Plus on travaille avec les pauvres, plus on voit ce qu'il y a à faire », dit-il. L'amertume et le découragement le gagnent.

Il aperçoit un jour, sur le bord de sa route, à mille kilomètres de la ville la plus proche, un cabanon d'une pauvreté extrême. Les planches disjointes semblent tenir par miracle. Sur le pas de la porte, un homme lit le journal. « J'ai vu immédiatement qu'il était heureux, se souvient Bernard. Et j'ai aussitôt senti que, moi, je n'étais pas heureux. Je vivais dans les Appalaches pour aider les pauvres : c'était donc à ce pauvre d'être malheureux. Or je constatais le contraire : il était heureux, et pas moi. Il me manquait quelque chose que cet homme possédait. » Bernard arrête sa voiture, va saluer l'homme heureux et lance la conversation. Très vite, il pose la question qui lui brûle les lèvres :

— Pourquoi êtes-vous heureux ?

— Parce que je connais Jésus, répond l'homme.

— Mais moi aussi je connais Jésus ! rétorque Bernard.

— Non, dit le pauvre, en le fixant d'un regard serein. Tu as entendu parler de Jésus, tu sais des choses sur Lui, mais tu ne le connais pas. Tu ne l'as pas encore rencontré...

Désarçonné, Bernard salue l'homme, songeur, et reprend la route à faible allure. Une prière lui vient :

— Seigneur, si tu existes vraiment, je veux te connaître. Je veux te rencontrer. Fais-moi signe !

« Subitement, j'eus alors la sensation physique d'une présence à mes côtés, raconte Bernard, et la certitude que c'était Lui. Le Seigneur était là, à côté de moi, aussi réel que l'homme que je venais de quitter. À ce moment précis, j'ai décidé que je Lui donnerais ma vie, quoi qu'il arrive, et que je la Lui donnerais à travers les pauvres. Pourtant, j'étais l'aîné de sept garçons, je rêvais de me marier et d'avoir douze enfants ! »

« Et moi je vous dis : demandez et l'on vous donnera ;
cherchez et vous trouverez ; frappez et l'on vous ouvrira. »
(Luc 11, 9)

Où frère Bernard
offre des dindes aux « poules »

Un soir de Thanksgiving Day [1], après les festivités communautaires, frère Bernard et sœur Ann Lynn trouvent dans la cuisine de Saint-Crispin un surplus de nourriture. Ne pouvant sombrer dans des excès orgiaques peu recommandés par les Écritures, ils s'interrogent :

— Que faire de ces restes ?

— Ne t'inquiète pas, mon frère, susurre Robert, le frère cuistot, le Bon Dieu va se charger de leur trouver un destinataire...

Une demi-heure plus tard, une femme sonne à la porte. Son maquillage est très appuyé, elle arbore un décolleté hors de saison. Elle demande d'une voix pâteuse :

— Z'avez rien à manger pour fêter le Thanksgiving ?

« Voici notre envoyée du Ciel », songe frère Bernard qui propose à la jeune femme de la raccompagner chez elle avec un carton empli de victuailles et quelques dindes. Celle-ci, gênée, refuse, s'excuse, s'embrouille, bafouille. Bernard ne comprend pas. Il insiste. À court d'arguments, elle accepte l'offre.

Après un quart d'heure de trajet, ils se garent dans une rue sombre du quartier louche de Washington Heights. La jeune femme s'extrait du véhicule et s'engouffre dans le porche d'un immeuble. « Quelle mouche l'a piquée pour nous quitter aussi vite ? » se demandent Bernard et Ann Lynn. Ils lui emboîtent le pas, essaient de la suivre dans un dédale d'escaliers. Étrange immeuble : des portes s'ouvrent, des femmes plutôt dévêtues sor-

---

1. Le Thanksgiving Day est la fête de l'« action de grâce » du peuple américain. Elle a lieu traditionnellement au mois de novembre.

tent sur le palier, dévisagent les visiteurs avec étonnement, la bouche ronde et fardée, et referment leur porte, plus effarouchées que si c'était une descente de police ; des hommes en slip s'esquivent en frôlant les murs... « Bonsoir, bonsoir à tous, heureux Thanksgiving ! » lancent les deux religieux, intrigués par ces apparitions, en poursuivant leur ascension.

« En haut de l'escalier, après avoir vu toutes les portes se refermer dans des piaillements, on a enfin compris, dit frère Bernard. Nous étions dans un bordel. On a posé notre carton dans le couloir, avec un mot d'amitié, et on est reparti le plus discrètement possible, en retenant nos rires ! »

Où frère François-Marie ne cache pas un « gun » sous sa bure *mais tient ferme son rosaire*

N'ALLEZ PAS plus loin, c'est dangereux en bas, prévient Emma. Oh, vous, c'est vrai, vous n'avez rien à vous faire voler ! »

Ce matin, Emma, une femme noire de forte taille, tète sa première bière dans la sente de Riverside. Elle embrasse François-Marie et Martin de Porrès comme ses enfants.

Les deux franciscains commencent un *midday run*, une distribution itinérante de sandwiches[1]. L'occasion d'écouter, de consoler et de prier avec les plus marginaux. Le pain est prétexte pour lier connaissance et parler de Jésus, le Pain de Vie.

Entre la Riverside Drive qui longe Harlem, et la voie express Henry Hudson qui borde la rivière du même nom sur tout le flanc ouest de Manhattan, s'étend, de la 155e à la 125e Rue, un terrain vague, en forte pente, abandonné à la broussaille. Dans cette jungle exubérante, les junkies se dissimulent pour se piquer les veines.

Frère François-Marie descendrait aux enfers en sifflotant. Sa sérénité placide détonne dans le mode de vie stressé des New-Yorkais. Un jour, dans le quartier chaud de Washington Heights, au nord de Manhattan, il s'apprête à entrer dans une pharmacie lorsqu'un jeune Noir le hèle sur le trottoir :

— Eh *man* ! Tu vas te faire la pharmacie ?

— La... quoi ? Me faire la pharmacie ? Qu'est-ce que tu veux dire ? demande le frère, innocent.

---

1. Cette opération de charité se déroule habituellement la nuit et se dénomme *midnight run*. Elle rassemble des chrétiens de différentes confessions.

Sous les arches sales de l'avenue Riverside, qui longe Harlem, Martin de Porrès et François-Marie prient avec un homeless.

— Tu vas te la faire, quoi ! Tu vas la braquer ? explique le Noir en faisant le geste d'armer un fusil à pompe.

— Ah... euh, braquer la pharmacie, euh non... pas vraiment, c'est-à-dire que je suis franciscain, et je vais acheter de l'aspirine.

— Oh, excuse, *brother*, j'ai cru que t'étais déguisé et que tu cachais un *gun* sous ta robe. Salut !

François-Marie ne cache pas de *gun* sous sa robe mais tient ferme son chapelet. Il bénit Emma et lui offre un sandwich. Nous poursuivons notre descente. La luxuriance de la végétation isole des rumeurs. Les sandales écrasent des débris de tubes de crack. Emma a raison. Pauvres comme Job, les frères n'ont rien à se faire dérober. Rien que leur vie ; ils l'offrent bien volontiers. Moi, je n'en mène pas large. Mes mâchoires jouent des castagnettes et j'ai les genoux en *marshmallow*. J'essaie de dissimuler tant bien que mal la bosse de mon vieux Nikon sous mon blouson.

En contrebas du boulevard, trois arches de béton grises forment un temple ouvert. Dans un monde meilleur, on aurait pu y applaudir des orchestres de jazz. Couvertes de tags, jonchées de détritus, elles abritent aujourd'hui des hommes qui s'injectent la mort lente.

Nous abordons un jeune homme, allongé sur un matelas pouilleux couvert de déjections. David est d'origine hispanique. Édenté, pas rasé, le visage boursouflé, il mène une vie errante depuis cinq ans, et somnole, dans des odeurs d'urine, une radio-cassette aux piles fatiguées à ses côtés. Les frères prient avec lui, une main sur son épaule.

Sur la Riverside Drive, nous croisons ensuite un quinquagénaire maigre et nerveux, qui boite fortement. Ronald porte sur son dos deux énormes sacs-poubelles bourrés de canettes vides. Une voiture l'a renversé il y a sept ans ; son fémur est resté courbe comme un arc d'enfant. Il l'exhibe parfois aux feux rouges de Manhattanville (au nord-ouest de Harlem), en remontant son pantalon, pour susciter la pitié. Lorsque frère Martin lui tend une image du Sacré-Cœur, Ronald répond de sa voix cassée : « J'en ai déjà deux... sur le cœur ! » Il tire, de sous son tee-shirt, un porte-cartes en plastique garni d'images pieuses qu'il baise avec dévotion.

Plié sous la charge volumineuse, claudiquant, Ronald, avec ses joues hâves et son regard brûlant, ressemble au vagabond dont le portrait orne le salon du *shelter* Padre Pio. Cette peinture originale représente la rue commerçante d'une ville américaine. La foule se presse sur les trottoirs, devant les vitrines des magasins. Au centre de la fresque, solitaire parmi les embouteillages de limousines et de taxis, s'avance un *homeless*. Barbu, le visage pâle et las. Il est courbé sous le poids du fardeau, des sacs plastique, des morceaux de bois récupérés qu'il porte sur l'épaule. Cette charge, habilement composée par l'artiste, dessine une croix. On devine dans les cheveux en broussaille une couronne d'épines. Ce pauvre est le Christ. Il hante nos villes et nous ne le voyons pas.

Une jeune Noire est affalée sur l'un des bancs de l'avenue, les yeux dans le vague, l'air immensément triste. Son œil gauche est injecté de sang, rouge comme un coquelicot sur son visage gris d'épuisement. L'a-t-on frappée ? La drogue bat-elle ses tempes ? Ses bras portent des traces de coups, ses poignets sont lacérés de cicatrices. Elle se prénomme Manassa. Les frères lui proposent un pain fourré au jambon. Puis François-Marie demande :

— Manassa, est-ce qu'on peut prier avec toi ?

Elle murmure :

— Oui, s'il vous plaît. Mais je ne sais pas prier.

Frère Martin de Porrès ajoute :

— Tu n'as qu'à dire : « Seigneur prends mon cœur, et ne me le redonne jamais ».

Frère Martin pose sa tête contre l'épaule de la jeune fille. François-Marie lui prend la main. Tous les trois ferment les yeux. Les visages pâles des deux franciscains encadrent celui de la jeune Noire. Manassa est belle, en train de prier, transfigurée.

Elle pleure, les yeux clos. Des larmes coulent sur ses joues comme des perles. Je suis agenouillé, mon appareil photo contre la poitrine. D'un geste silencieux, je pourrais m'en saisir et fixer la scène. L'image est si forte. Elle dit tout. Elle contient tout. Avec une géométrie parfaite, cette trinité exprime la charité et la compassion. L'Évangile est là, devant moi, concentré dans cette icône palpitante, à portée de main, instantané fragile, éphémère.

Pourtant, je ne peux bouger. Je ne peux briser l'étonnant silence de cette prière par un clic-clac profanateur. Je ne peux voler la souffrance muette de cette femme, violer le jardin secret de ses larmes et le sanctuaire de son offrande. Je ne sais pas si j'ai tort ou raison mais je ne peux pas. Je ne me sens pas le droit de m'emparer de cette intimité.

L'instant de grâce s'échappe. Je le laisse filer. Il ne m'appartient pas.

Nous quittons Manassa, le cœur chamboulé.

Sur la promenade, nous distribuons nos derniers sandwiches à un jeune Noir encapuchonné qui se balance sur un banc, absent, le regard vide et fixe ; à un couple hétéroclite dont nous interrompons innocemment les furieuses embrassades ; à un vieux Noir originaire de l'Alabama, qui nous prédit une fin du monde imminente ; à un ancien *homeless* qui subsiste par des petits trafics et affirme que l'homme n'a pas seulement besoin de pain mais aussi de nourriture spirituelle. Étant parfaitement d'accord sur ce point, nous échangeons une poignée de main fraternelle.

Comment un pauvre du Christ *bénit frère Martin de Porrès dans un bidonville de carton au cœur de Manhattan*

La station de métro Mont Eden ne fait guère songer au paradis perdu. On surplombe des toits d'asphalte jonchés d'ordures jetées par les fenêtres. Dans les cours d'immeubles s'empilent des voitures écrasées, démontées, désarticulées. Le conducteur du train crache quelques mots inaudibles dans les haut-parleurs.

Trois jours après le *midday run*, Martin de Porrès et cinq de ses frères filent vers Manhattan pour un *midnight run*. Il est vingt-deux heures. Dans nos sacs à dos, une soixantaine de sandwiches, des canettes de jus d'orange, des barres vitaminées.

Malgré le tintamarre du métro, j'essaie de discuter avec Martin de Porrès. J'aime ce jeune frère généreux, un brin idéaliste, qui veut tant ressembler à son saint patron. Il a fort à faire.

Martin de Porrès, dominicain péruvien né en 1579 à Lima, était l'enfant d'un gentilhomme castillan et d'une descendante d'esclave. Cette naissance illégitime l'exposa aux humiliations. Le mulâtre vénérait le sacerdoce ; il resta toute sa vie simple frère convers. Il soignait et nourrissait les pauvres à longueur de journée, sans répugnance pour leur saleté. Sa charité s'étendait même, dit-on, aux animaux. Un jour qu'on le grondait pour avoir couché un mendiant pouilleux dans son lit, il rétorqua : « La compassion est préférable à la propreté. Car les draps se lavent tandis qu'un torrent de larmes ne pourrait effacer la tache commise par la dureté envers un malheureux. »

Martin du Bronx n'a que vingt-cinq ans. Il semble avoir déjà goûté un peu de l'amertume du monde. Parfois une ombre passe sur son visage fin et pâle et se niche comme un nuage au fond de son regard.

Originaire d'Omaha, dans le Nebraska, dernier d'une famille de dix enfants, il passe son adolescence sur ses rollers, du hard-rock dans les écouteurs, une canette de bière à la main, la crête punk au vent. À vingt ans, Martin est une star pour les filles, une étoile du roller, et le dernier de sa classe. Ses résultats catastrophiques désolent ses parents.

L'un de ses frères lui offre un jour une cassette. « Du roc », dit-il. Le rebelle entend « rock » et la glisse dans son walkman. Étonnement. C'est un enregistrement d'extraits du Nouveau Testament. Plusieurs textes le frappent de stupeur. Surtout, la parabole de cet enfant qui fait la fête durant de longues années avec sa part d'héritage, revient tête basse vers le domicile familial, et que son père, qui l'attend depuis le premier jour de sa fugue, prend dans ses bras.

L'électrochoc de la Parole de Dieu ne suffit pas. Martin poursuit sa chute. Ses parents trouvent de la drogue dans ses poches. Leurs larmes touchent enfin son cœur. Il décide de changer. S'éprend d'une jeune fille évangéliste. Il désire se fiancer lorsqu'un de ses frères lui déclare sans ambages :

— Si tu te maries avec elle, tu quitteras l'Église catholique. Si tu quittes l'Église, tu perdras l'eucharistie, le mystère du Corps et du Sang du Christ. C'est notre plus grand trésor !

Au lieu de révolter Martin, ces mots l'enflamment. Ils réveillent une foi enfouie en lui. Il quitte sa fiancée dans les larmes. Quelques mois plus tard, il entre chez les franciscains.

À l'extrémité de chaque station de métro, une gigantesque bouche d'égout avale notre wagon, comme un boa, et déglutit sa proie avec un rot électrique. Le train bringuebalant slalome dans une forêt noire de poutrelles rivetées, avec son chargement de corps, accrochés par un bras comme des quartiers de viande.

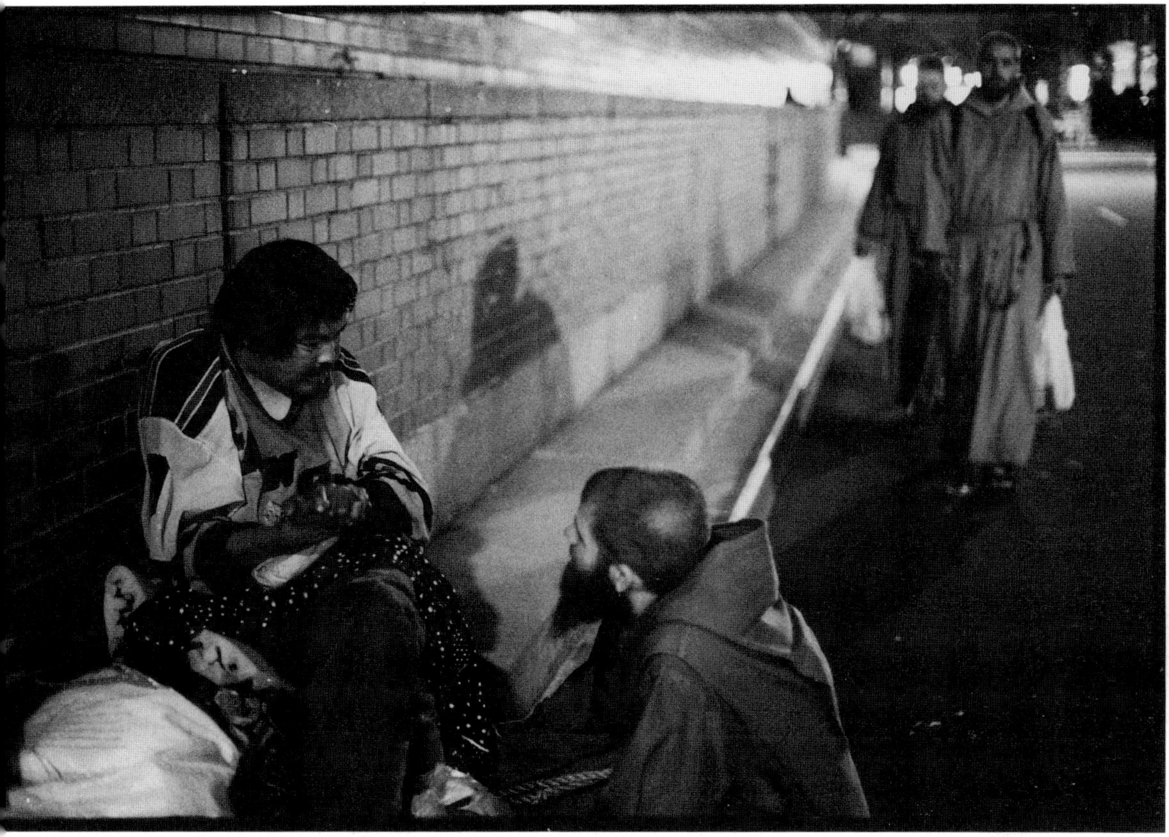

Distribution itinérante de sandwiches à Manhattan. À deux pas du luxueux siège des Nations unies, des hommes sans nom et sans abri se cachent sous des cartons.

Trépidations, échos assourdis, fracas de métal, odeurs fétides, trajectoire grinçante et chaotique. Un jeune Noir est plié en deux, immobile sur un banc ; les deux bras lui pendent le long du corps jusqu'au sol. Des cols blancs lisent le *Wall Street Journal* face à ce clown cassé. Ils ne voient rien. Personne ne voit personne. Le métro de New York est un lieu idéal pour mourir tranquille.

Nous émergeons à Grand Central, l'un des nœuds de la communication souterraine de la Grosse Pomme. Nuit douce. Rues-canyons entre les gratte-ciel. L'immeuble des Nations unies se dresse près de la Franklin Roosevelt Drive qui borde l'East River. Au pied de ce colosse de verre où des milliers de fonctionnaires essayent de réglementer la paix dans le monde, survivent des gueux. Leur visage, mangé par la barbe, souvent boursouflé par l'alcool, est défiguré. Ils n'ont plus de nom. Ces oubliés – des clandestins pour la plupart – refusent les *shelters* ou ne peuvent en bénéficier. La nuit, ils s'aménagent des campements sauvages, des caches de carton, dans les failles de la forteresse urbaine, les trous de la ville, sous les ponts autoroutiers, dans les caves de building.

La police « nettoie » régulièrement le quartier de cette racaille, pour que les fonctionnaires de la paix dans le monde ne soient pas choqués par cette proximité pouilleuse. La marée de la misère est plus puissante que la mer. Les pauvres reviennent, attirés par les soupiraux de ventilation de la Continental Edison Company qui jouxte l'Organisation des Nations unies.

Il est vingt-trois heures. Les frères, deux par deux, abordent en douceur les campements de fortune installés sur les trottoirs. Des têtes hirsutes émergent des bidonvilles de cartons. Des voix rauques marmonnent, râlent – certains ont peur, croyant à une rafle. Les frères rassurent, se présentent, proposent leurs sandwiches. Le dialogue s'engage, en espagnol souvent. Certains corps ensommeillés, assommés par l'alcool, ne répondent pas.

Les frères indiquent des adresses de *shelters* et de banques alimentaires. Chaque rencontre se termine par une courte prière à Jésus, l'Homme-Dieu qui n'avait pas une pierre où reposer la tête.

Deux heures durant, les frères s'agenouillent devant les *homeless* de Manhattan, les squatters du cinquième monde, au pied des tours orgueilleuses qui ne s'éteignent jamais. Ces leurres de lumière captivent les miséreux, comme des insectes, et les brûlent à petit feu. Pour beaucoup de clandestins mexicains, la cavale s'achève à New York, cité sans pitié où les espoirs se consument.

Frère Martin est bouleversé. Il vient de rencontrer une jeune fille de dix-sept ans, enceinte, qui dort depuis trois mois dans le sous-sol d'un building de Wall Street. Puis, en traversant une esplanade, il a aperçu l'ombre d'un homme qui se détachait d'un pilier. C'était un vieillard édenté, au corps branlant. Il s'est approché à petits pas du franciscain, l'a regardé des pieds à la tête, et lui a ordonné de s'agenouiller. Sur le dallage de marbre, Martin de Porrès a obéi au vieil homme. Celui-ci s'est mis à prier à haute voix : « Seigneur, je te rends grâce pour mes frères qui viennent nous visiter... » – il pleurait, et tentait, entre deux sanglots silencieux, de poursuivre son invocation – « ... car, Seigneur, tu nous donnes le pain de chaque jour, et, chaque jour, un signe de ton amour. Ce frère est pour moi, ce soir, le signe que j'espérais. Pour tout cela, je te rends grâce ! ».

« À travers ses larmes, j'ai vu les yeux du Christ », assure frère Martin de Porrès, qui pleure à son tour, dans la nuit tiède, assis sur un trottoir de Manhattan.

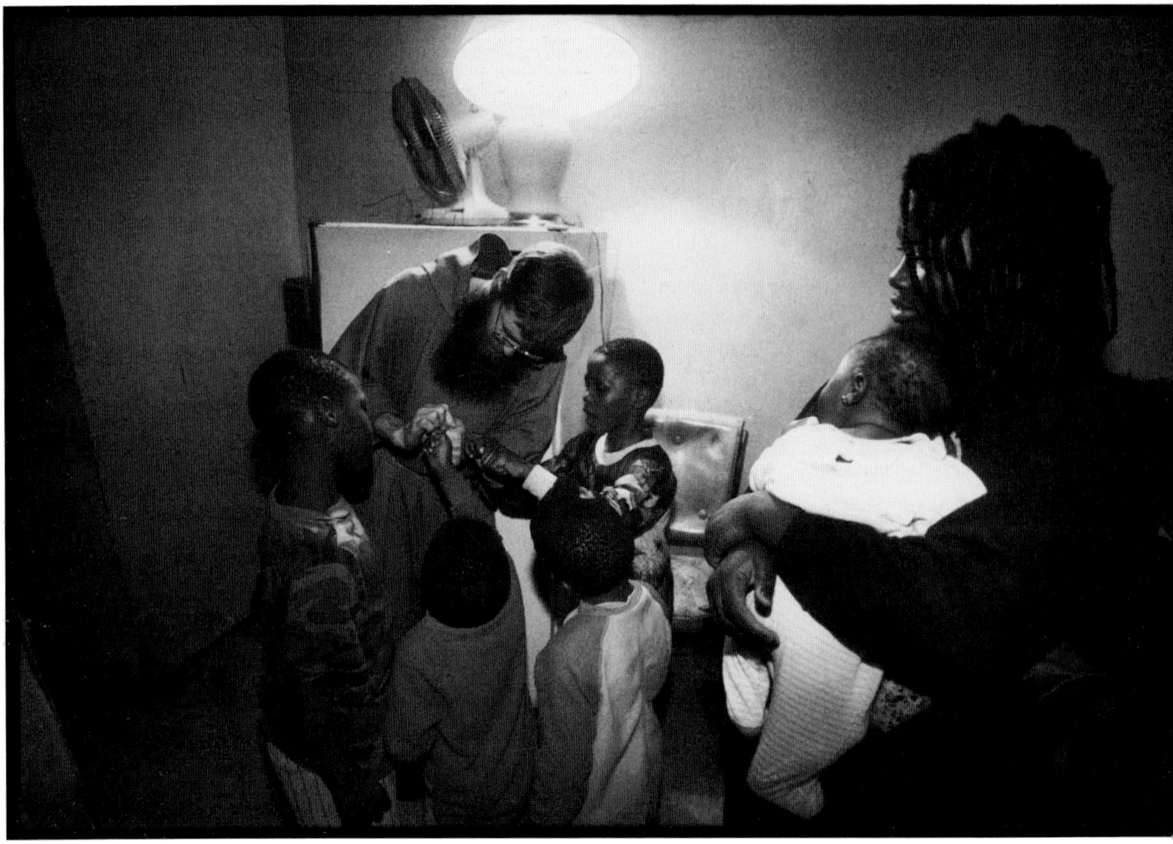

Depuis que ce couple d'origine haïtienne l'a dépanné un soir d'orage,
frère Rich est chez lui chez les Box et leurs neuf enfants, dans un H.L.M. du Bronx.

Comment frère Rich
vécut la parabole du bon Samaritain sur la Cross Bronx Expressway

La Cross Bronx Expressway traverse le Bronx à l'horizontale. Les routiers américains surnomment cette voie rapide « la plus mauvaise autoroute des États-Unis ». Ce soir-là, frère Rich leur donne raison. Dans son Middle West natal, les routes ne ressemblent pas à une piste d'essai pour chars de combat. Cette nuit d'automne est glacée et pluvieuse. Les essuie-glaces de sa vieille guimbarde geignent sous l'effort et renâclent à chasser les paquets de flotte qui balayent le pare-brise. Le jeune franciscain à la barbe rousse porte des lunettes rondes qui s'embuent. Visibilité zéro.

Rich a reçu l'appel à la vie religieuse en lisant, enfant, la vie de saint François d'Assise. Plus précisément, le passage où celui-ci renonce à tous ses biens et se dépouille publiquement de ses vêtements devant son père ulcéré et une foule stupéfaite. Frère Rich rend grâce à Dieu d'avoir renoncé à toute richesse mais supplie le Ciel que la voiture tienne le coup jusqu'à la fraternité Saint-Crispin.

Les prières ne sont pas toujours exaucées selon les volontés humaines. Le moteur toussote, râle et finit par pousser un dernier soupir. La voiture court sur son erre. Rich la gare sur la voie de droite. Les deux franciscains – frère Jim l'accompagne – sont en panne sur la Cross Bronx Expressway. Le mot Cross trouve ici une signification spirituelle immédiate et concrète.

Tandis que Jim part à la recherche d'un téléphone pour prévenir frère Terry, le dépanneur de la communauté, Rich essaie de dévier la circulation avec l'art d'un toréador débutant. Des flots de voitures l'éblouissent, l'éclaboussent, le frôlent en klaxonnant.

« Combien de bons chrétiens parmi eux, bien au chaud dans leur habitacle confortable ? » se demande frère Rich. Il chasse vite ces mauvaises pensées en songeant qu'il n'aurait pas été le dernier à éviter ce barbu trempé qui s'agite sur le bord de la route dans une robe bizarre.

Quarante-cinq minutes plus tard, Rich est toujours vivant. Il ruisselle de pluie et de sueur. Frère Jim n'est pas revenu. Un break bringuebalant dépasse le véhicule en panne, pile soudain et s'arrête à une vingtaine de mètres. Un Noir en sort, courbé sous les trombes, s'approche de Rich et lui demande dans un anglais maladroit :

— Je peux vous aider ?

— Sûr, vous êtes le bienvenu ! répond Rich qui a l'impression de voir le Messie en personne.

L'homme est haïtien, se prénomme François. Frère Rich y discerne un clin d'œil de son patron en religion. François essaie de démarrer le moteur, en vain.

— Je vais vous pousser jusqu'à la prochaine sortie, dit-il, vous ne pouvez pas rester ici, c'est trop dangereux...

Pour permettre à François de reculer et de se placer derrière la guimbarde, Rich réussit à arrêter la circulation sur l'Expressway, ce qui n'est pas plus difficile que d'écarter la mer Rouge d'un geste de la main.

Après deux kilomètres parcourus à faible allure, les deux voitures empruntent une sortie. Le quartier n'est pas engageant, mais Rich respire enfin.

— Je vais bien trouver un téléphone maintenant ; comment vous remercier ? dit-il à son bienfaiteur.

— Qu'avez-vous dans votre coffre ? Tous ces cartons, là, c'est quoi ? demande François.

— C'est de la nourriture pour les *homeless* de notre *shelter* Padre Pio.

Le Haïtien parvient à comprendre les explications de Rich malgré les rugissements de la voie rapide en contrebas et son anglais approximatif.

— Si vous restez ici, vous serez pillé dans cinq minutes. Je vais vous pousser un peu plus loin...

Un peu plus loin ? François pousse frère Rich et sa voiture jusqu'au couvent Saint-Crispin, après une demi-heure de touche-touche pour parcourir ces trois kilomètres.

— Venez au moins prendre un café, insiste Rich à l'arrivée.

— Oh ! désolée, nous sommes très pressés, nous avons neuf enfants à la maison, répond Laura, la femme de François, restée dans la voiture. Peut-être une prochaine fois ?

— Euh, comment, neuf enfants ! bégaie Rich. Vous êtes catholiques ou musulmans ?

— Ni l'un ni l'autre, répond l'homme. Nous n'avons pas de religion. À Haïti, nous étions si pauvres, nous avons vu tellement de souffrances qu'on essaie d'aider notre prochain comme on peut.

— Laissez-moi au moins votre téléphone...

Le lendemain, Rich appelle François et Laura Box pour les remercier. Il leur propose de la nourriture et des habits pour les enfants.

— OK, mon frère, je vais passer, dit François.

Quelques jours plus tard, celui-ci apporte, dans une vieille camionnette, des cartons de vivres et de vêtements à la fraternité, à la plus grande confusion de Rich :

— Mais c'est moi qui ai des cartons pour toi ! répond le franciscain.

— Ne m'as-tu pas demandé au téléphone de la nourriture et des vêtements pour des enfants ?

— Non, je te proposais de la nourriture et des vêtements pour *tes* enfants !

Le quiproquo est dissipé dans un éclat de rire. Une nouvelle fois, Rich est ému par la générosité de ces gens.

Ainsi fut scellée l'amitié entre la famille Box et les franciscains de Saint-Crispin. Ceux-ci vont souvent dîner dans leur appartement capharnaüm, au sixième étage d'un HLM du Bronx. François y entrepose les meubles et les ferrailles qu'il récupère. Des enfants joyeux courent entre des armoires Directoire aux portes bâillantes ou des sommiers défoncés, dans un logis aux murs nus, à la lumière crépusculaire.

Les Box firent baptiser leurs cinq derniers enfants. Puis les aînés sollicitèrent leur entrée dans l'Église catholique. Enfin, les parents demandèrent pour eux-mêmes le mariage. Leur union fut célébrée par frère Stan. La noce eut lieu à Saint-Crispin.

Le soir, durant la fête, Laura Box avoua à frère Rich que cette fameuse nuit, sur la Cross Bronx Expressway, lorsqu'ils avaient aperçu sa silhouette dans le pinceau de leurs phares, au milieu des gerbes d'eau, et que son mari avait dit : « Il faut faire quelque chose pour ce type », elle avait répondu : « Mais, regarde-le, ton mec : il a une robe, il est barbu ! C'est une femme à barbe ! Dans quelle histoire vas-tu encore te fourrer ? »

Le petit frère Rich en rit encore dans sa barbiche.

L'été, les enfants de Harlem et du Bronx ouvrent les bouches à incendie avec des cris de joie. Les trombes rafraîchissantes créent de véritables ruisseaux dans les rues, où le soleil danse.

Où frère Robert
montre la place du canard au cassis dans le plan de la divine Providence

LES CHINOIS sont les plus grands cuisiniers du monde, déclare frère Robert, devant les fourneaux de Saint-Crispin. Ils réalisent mille recettes avec pas grand-chose et n'importe quoi. » Cette cuisine convenait fort bien à des franciscains qui ne vivaient que de dons. Frère Robert avait l'art d'accommoder les restes ; ses frères salivaient dès qu'il ceignait le tablier de service.

Robert était novice dans le New Hampshire lorsqu'il trouva, un matin, devant la porte du couvent, un carton plein de canards plumés. Il rendit grâce à Dieu pour ce cadeau du Ciel et proposa de préparer des canards à l'orange pour le dîner communautaire. Ses quatre-vingt-dix frères opinèrent comme un seul homme. N'ayant pas d'oranges, Robert dénicha dans la réserve du concentré de cassis et improvisa la recette du canard au cassis « made in Robert » : « Vous allez m'en dire des nouvelles ! Ça va marquer les mémoires ! » s'exclama-t-il.

Le soir, tous les frères se régalèrent, complimentèrent le cuistot, chantèrent le dernier office de complies et allèrent se coucher dans l'action de grâces.

« Le désastre est survenu à trois heures du matin, se souvient frère Robert. Toute la communauté s'est levée ensemble, à la même heure, pour courir aux toilettes. Les deux cabinets furent pris d'assaut et certains frères arrivèrent trop tard... Moi-même, je ne me sentais pas bien du tout. Quelle erreur avais-je pu commettre ? Je me creusai la cervelle. Les frères passèrent leur nuit à se vider. Et le lendemain matin, à l'office des laudes, j'allais innocemment à l'ambon faire la lecture quand, levant les yeux sur l'assemblée, je découvris, fixés sur moi, quatre-vingt-dix regards noirs. Tous mes frères étaient blancs comme des suaires. Je replongeai vite le nez dans le livre saint, et c'est alors que je réalisai mon erreur : le cassis, bien sûr ! J'avais oublié que le cassis est un puissant laxatif, surtout en concentré. À la fin de l'office, je m'esquivais prestement quand le supérieur me rappela : « Frère Robert, hum, vous porterez les restes de votre... hum, géniale invention, hum, à la maison de retraite des religieuses, nos voisines. À elles au moins, vous rendrez peut-être service ! »

Frère Robert, philosophe, tirait de cet incident la morale suivante : « Le malheur des uns peut faire le bonheur des autres, et la Providence de chacun. Loué soit le Christ, qui jeûna quarante jours dans le désert ! »

Frère John avec Frida, ancienne business woman. Le malheur et la cocaïne ont fait basculer sa vie. Aujourd'hui, elle récupère les canettes vides dans les poubelles. « Je reçois chaque jour le don de la vie en rendant grâce. »

Comment Frida, qui a tout perdu, *enseigne la joie aux fils de saint François dans les rues de Harlem*

DES CHATS fouillent dans les poubelles en miaulant ; des enfants s'arrosent avec les bouches à eau, au bout de la rue, au coin de la Broadway Avenue. Ce soir de juin, une jeune femme noire, si maigre qu'elle flotte dans sa salopette de jean, fume une cigarette sur le pas de sa porte, en face de la fraternité Saint-Joseph, le noviciat des franciscains, sur la 142e Rue, au nord de Harlem. « Quand les frères se sont installés ici, j'ai cru que c'était des juifs, dit Frida. Le seul moine que je connaissais alors, c'était frère Tot, dans *Robin des Bois.* » Son visage émacié s'éclaire d'un large sourire. Frida cache ses courtes nattes sous une casquette de base-ball décolorée par le soleil et la crasse. Elle porte la culotte ; les frères, la robe. Ils sont devenus amis.

« Faut pas se plaindre quand on est en vie », dit-elle en tirant sur sa cigarette. Frida subsiste en récupérant les boîtes de soda dans les poubelles, en les chargeant dans un caddie bringuebalant qu'elle pousse dans les rues. Née dans une famille aisée, fille unique gâtée et choyée, cadre supérieur dans une compagnie de téléphone, Frida est SDF depuis dix ans.

Cette superwoman avait réussi à concilier, plusieurs années durant, un métier trépidant et l'éducation de deux enfants. Jusqu'à ce que cette vie menée tambour battant se fissure d'un coup. Elle avait appris dans la même semaine que son père était atteint d'un cancer, que son fils aîné était homosexuel et que sa meilleure amie venait d'être assassinée par son mari dans des circonstances horribles.

Incapable d'assumer ces événements qui bousculaient de fond

en comble son fragile équilibre de vie, Frida avait commencé à sniffer de la cocaïne. Elle était vite devenue dépendante de la poudre. Après une première cure de désintoxication, son père était mort. La rechute avait été immédiate et brutale. Elle avait tout perdu d'un coup dans cette dégringolade – emploi, maison, enfants – et s'était retrouvée à la rue.

Frida vivait depuis quelques années avec Ramon, un vétéran du Viêt-nam. De retour d'Asie, il avait travaillé dans une banque de Manhattan. Une crise de folie l'avait jeté dans la rue, à demifou. Quand les hélicoptères de la police passaient au-dessus du bloc, la nuit, la trépidation des pales réveillait les vieux démons. Ramon roulait à terre en lâchant d'imaginaires rafales contre l'ennemi invisible.

Frida et Ramon tentaient de reconstruire une vie commune, de bric et de broc. Ils refusaient fièrement les cent dollars hebdomadaires de la Public Assistance. « Il y a toujours un job que les gens ne veulent pas faire, soutient Frida : repasser, vider les ordures, laver les carreaux... » Les deux amants se contentaient de peu. « J'ai été élevée dans le luxe, dit Frida, j'ai tout pris comme un acquis, tout reçu comme un dû. Jamais je n'ai dit merci, jamais je ne me suis émerveillée de ce qui m'était donné. Aujourd'hui, je n'ai plus rien. Mais je suis en vie : c'est un don du Ciel. Je le reçois en m'émerveillant et en remerciant. Je prend le temps de contempler un arc-en-ciel ou un coucher de soleil. »

Assise au milieu des poubelles, Frida la Joie rend grâce pour la lune de Harlem qui monte dans le ciel comme une hostie.

Elle s'est affalée contre le mur de la Fraternité, son nouveau-né blotti contre elle, madone douloureuse, épuisée, à bout de souffle.
Je n'ai aperçu qu'ensuite les traces de coups et les cicatrices sur ses bras.

Où frère Stan ne regrette pas *certaines paroles de vérité*

« Compassion n'est pas synonyme de complicité », insiste frère Stan. Il se souvient de la première visite reçue à Saint-Crispin. Les frères venaient de s'installer. Une femme enceinte toque à la porte, les cheveux sales, des cernes sous les yeux, une mine de chien battu.

— Je vais accoucher dans quelques jours. Je n'ai rien pour mon gosse. Tu peux m'aider, mon frère ?

— Comment t'appelles-tu ?

— Sharon...

— Je suis désolé, Sharon, répond Stan, nous n'avons pas d'argent. Je peux te donner un sandwich et des couches.

Sharon accepte les couches et s'en va. Elle revient quelques jours plus tard, puis la semaine suivante. À chaque fois, emporte deux ou trois paquets de couches. Son manège intrigue Stan. « Que fait-elle de toutes ces couches alors que son bébé n'est pas encore né ? Elle les stocke ? » s'interroge-t-il.

À l'issue de son cinquième passage, il la suit discrètement. Au coin de la rue, elle sort de sous son blouson un ballon qui lui gonfle le ventre, rentre chez le premier épicier du quartier pour vendre les couches. Puis elle court chez un dealer de crack.

Quelques jours plus tard, elle sonne à nouveau à la fraternité. Stan l'accueille et lui explique doucement mais fermement qu'il n'est pas dupe et qu'elle n'est pas faite pour l'enfer. Elle claque la porte en l'injuriant.

Durant les mois suivants, Sharon lance des grossièretés chaque fois qu'elle passe devant le couvent. Puis disparaît.

Trois ans plus tard, une femme élégante s'approche de Stan alors qu'il distribue des sacs de nourriture un lundi matin.

— Bonjour, frère Stan. Tu ne me reconnais pas ?

— ... Non. Ton visage me rappelle quelqu'un, répond Stan qui fouille sa mémoire, mais je n'arrive pas à me souvenir qui tu es.

— Tu te souviens d'une camée qui se mettait un ballon sur le ventre pour mendier ?

— ... Sharon !

Elle avait été arrêtée pour vol peu après son algarade avec Stan. En prison, elle avait vécu une conversion et suivi une cure de désintoxication. À sa libération, elle avait rencontré un homme qui l'avait respectée. Il lui avait donné deux enfants et demeurait fidèle. Elle semblait heureuse.

— Je n'oublierai jamais ce que tu as fait pour moi, Stan.

— Mais je n'ai rien fait, moi ! Tu veux parler des couches ?

— Non, tu m'as dit la vérité avec amour. J'ai su en t'entendant qu'il y avait quelqu'un qui m'aimait assez pour me dire la vérité. Même si je l'ai refusée avec violence sur le moment...

« Voilà le travail de Dieu, s'exclame Stan. Humainement, nous aurions pu désespérer. Le Seigneur l'a touchée et l'a remise sur le droit chemin au moment où personne ne s'y attendait. Nous aurons de merveilleuses surprises le jour du Jugement ! »

Comment le sommeil attaque les frères *durant l'adoration eucharistique*

CES FRANCISCAINS sont efficaces, concrets, organisés comme des Américains. Ils sont plus surmenés que des golden boys de Wall Street. Chacun d'eux gère un nombre impressionnant d'activités apostoliques. La fraternité est une ruche. Le téléphone siffle sans arrêt, comme un merle moqueur.

Dans le marathon quotidien, les frères s'imposent deux pauses sacrées : la messe de l'aube, et l'heure sainte. Cette adoration silencieuse du Christ exposé dans l'ostensoir a lieu, chaque jour et dans chaque fraternité, de dix-sept à dix-huit heures. Cette halte les cueille en fin d'après-midi, après une journée bien chargée.

Frère Robert cite Blaise Pascal : « Jésus sera en agonie jusqu'à la fin du monde : il ne faut pas dormir durant ce temps-là. » Frère sommeil ne l'entend pas de cette oreille. Il mène, durant l'heure sainte, des attaques perfides. Ses premiers signes de conquête apparaissent après un quart d'heure d'oraison : des têtes dodelinent dans d'infimes saccades.

Chacun à leur manière, les frères courageux luttent contre la tentation de la sieste – il serait si doux de laisser reposer son menton sur l'oreiller confortable qu'offre la barbe... Frère Terry, de cuisine cette semaine, cogne ses gamelles dans la cuisine voisine pour tenir ses frères éveillés. Frère Shawn alterne les attitudes : trois minutes assis, trois minutes à genoux. Frère Bob lit en toussotant ; lorsque son psautier lui échappe des mains, il tombe dans le creux de sa bure et le réveille.

Certains frères prosternés semblent échapper au combat mais un ronflement les trahit parfois.

« Le Seigneur comble son bien-aimé quand il dort », chante le Psalmiste. Cette louange communautaire improvisée, ce chœur des hommes assoupis se mêle au chœur des anges et touche le cœur de Dieu. À la louange du Christ qui, heureusement pour notre salut, ne s'est pas endormi au jardin de l'Agonie.

Adoration et prosternation dans la chapelle du noviciat de la Communauté, à Harlem. « Personne n'a jamais été à genoux aussi profondément que Jésus dans sa pauvreté humaine. » (M.-D. Molinié)

Comment frère John, qui vendait des ordinateurs à Dallas, *rencontre le Christ dans un village de Bosnie-Herzégovine*

À LA BELLE saison, les novices récitent le chapelet, après la vaisselle du soir, dans la courette du couvent Saint-Joseph de Harlem. Cette petite enclave fleurie, délimitée par des murs de béton couronnés de barbelés, est cernée par plusieurs immeubles. Une niche y abrite une statue de Notre-Dame-de-Lourdes. Des flammes de cierges dansent dans la nuit. La ramure d'un saule immense se voûte comme un baldaquin. Des appartements voisins s'échappe en sourdine une musique qui n'est pas du grégorien.

Bientôt, monte dans l'obscurité le murmure régulier du chapelet. Certains frères prient assis, d'autres agenouillés sur le sol de béton, d'autres recroquevillés dans un coin d'ombre. Le bourdonnement alterné de la récitation se mêle, comme une onction, à la rumeur de Harlem et aux rythmes effrénés de la nuit.

Frère John n'est pas le moins pieux. La Vierge Marie tient une place particulière dans sa conversion. Ce frère trapu dégage une impression de force tranquille et de solidité virile. Il porte des sourcils en broussaille, une mâchoire forte, une barbe carrée rousse. On l'imagine sur la passerelle d'un voilier, une longue-vue à la main, scrutant l'océan pour y tracer son chemin. Ce qui est arrivé à ses ancêtres français. Ces huguenots, au XVIIe siècle, échappèrent aux persécutions en trouvant refuge dans le Nouveau Monde.

Le protestantisme s'accommodant fort bien du capitalisme, John a poussé dans ce terreau fervent et libéral. Il vendait des ordinateurs à Dallas, gagnait beaucoup d'argent, changeait de petite amie aussi souvent que de voiture. « J'avais tout ce que notre culture prétend qu'il faut posséder pour être heureux, mais je n'étais pas heureux. »

Il décide alors, pour soigner son insatisfaction, de ne « plus faire du fric pour du fric », et retourne à l'université suivre des études de médecine. Là, un de ses amis protestants lui prête un livre sur de prétendues apparitions de la Vierge Marie dans un petit village de Bosnie-Herzégovine nommé Medjugorje[1]. John, curieux, le feuillette. Et le lit d'une traite.

« Je ne connaissais pas Marie mais je sentais que si cela était vrai, toutes mes questions auraient une réponse, dit-il. J'étais très excité mais je me méfiais beaucoup du démon. Or ce qui était demandé à Medjugorje – prier, jeûner, se confesser, participer à la messe – était si simple, si divinement simple, qu'il me paraissait impossible que le démon invente cela !

Avec deux amis, nous avons décidé de nous rendre à Medjugorje. Nous avons rallié un groupe de Mexicains charismatiques d'une paroisse de Dallas et nous sommes arrivés en Bosnie en février 1991, deux semaines avant que la guerre éclate. Ce ne fut pas un voyage sans encombre : un prêtre nous avait demandé d'emporter des médicaments. Nous avons essayé de les passer clandestinement à Belgrade. Les douaniers nous ont coincés, nous accusant de cacher de la cocaïne ! La tension était palpable, l'air explosif, mais la foi de nos Mexicains charismatiques était telle qu'on se sentait protégé. On évita la prison grâce à de faux papiers prétendant que ces drogues étaient des médicaments pour les bêtes !

1. En quinze ans, et malgré la guerre en Bosnie, plus de vingt-cinq millions de personnes se sont rendues à Medjugorje. En juin 1981, la Vierge serait apparue à quatre filles et deux garçons âgés de quinze à seize ans. Ces phénomènes dureraient encore. Les avis sont très partagés dans l'Église à ce sujet. Indépendamment de la véracité (ou non) de ces manifestations surnaturelles, on ne peut nier que Medjugorje soit le lieu de très nombreuses conversions personnelles.

Quand les enfants ont peur, ils se réfugient derrière un franciscain.
À l'abri de l'ami, ils retrouvent le sourire.

À Medjugorje, curieusement, les rumeurs de guerre semblaient loin. Là, j'ai prié Dieu avec ferveur : "J'ai essayé de faire trois choses dans ma vie, Seigneur : officier pilote, et j'ai été déçu ; puis les affaires : ça a bien marché, mais je reste sur ma faim ; voilà que je commence médecine... Sans doute, ferais-je mieux de Te demander ce que tu en penses avant de démarrer sept ans d'études, n'est-ce pas ? Alors, Seigneur, dis-moi ce que tu attends de moi, je veux faire ce que Tu veux. Je suis même prêt, au point où j'en suis, à devenir franciscain catholique en Bosnie !" (le sanctuaire de Medjugorje est administré par des franciscains). Franciscain en Bosnie, c'était la chose la plus folle que je puisse imaginer, moi Texan protestant !

Après une semaine de prières, nous sommes rentrés à Dallas. J'ai pensé que le Seigneur m'avait exaucé : j'éprouvais un désir intérieur de plus en plus fort de devenir pasteur. Je songeais sérieusement à demander l'ordination dans l'église épiscopalienne.

L'année suivante, j'ai voulu retourner à Medjugorje. Je sentais que c'était un lieu de grâce, même pour un protestant. Or je n'y voyais toujours pas clair dans ma vie. J'ai rejoint la Saint David's Relief Foundation. Cette organisation rassemblait des dons pour la Bosnie en guerre. Nous avons organisé un énorme convoi humanitaire, à partir de l'Angleterre, pour tenter de réveiller la conscience américaine sur ce conflit. Mon copilote se prénommait Mark. Nous nous sommes très bien entendus durant ce voyage en camion.

Je suis resté deux mois à Medjugorje, priant pour savoir quelle était ma voie... et quelle était ma foi. Je cherchais tous les prétextes pour discuter avec les franciscains ; je les emmenais en tournée à bord de ma Land Rover sur les routes défoncées pour visiter les villages voisins. J'en profitais pour les « cuisiner ». Comme ils me conseillaient tous de prier, je continuais de prier... Jusqu'au jour où je suis entré dans l'église de Medjugorje. Le saint-sacrement était exposé sur l'autel. J'ai regardé l'hostie blanche.

Ça a été très clair, très simple. Jésus – c'était Jésus, je n'en doute plus – m'a dit : "Tu sais maintenant où est la Vérité ; alors agis en conséquence."

De retour au Texas, j'ai demandé mon admission dans l'Église catholique, au sein de la paroisse mexicaine, lors d'une semaine de consécration à Notre-Dame-de-Guadalupe.

J'ai commencé à travailler à temps plein pour la Saint David's Relief Foundation. Nous avons décidé d'ouvrir un entrepôt de nourriture et de fournitures à Medjugorje. J'ai géré ce centre durant un an et demi, aux pieds de la Vierge ! Les familles et les enfants souffraient énormément dans ce pays ravagé par la guerre. Ce fut une expérience douloureuse et en même temps merveilleuse de voir les fruits de la prière au milieu de l'enfer et de la haine.

J'ai gardé deux souvenirs marquants de cette période. Nous sommes arrivés un jour dans un village de montagne dont les maisons venaient d'être incendiées. Tous les hommes avaient été exterminés au lance-flammes. C'était un matin clair, il faisait froid et sec. L'horreur était soulignée par la blancheur silencieuse du paysage, immaculé sous la neige. Les survivants avaient commencé à nettoyer les corps avant de les enterrer dans le cimetière du village. Là, nous avons aperçu une femme qui portait une croix de bois. Elle s'arrêta et s'appuya dessus, pour reprendre souffle. Nous échangeâmes quelques mots. Elle nous dit que c'était la croix de la tombe de son mari. Un de ses fils était en train de la creuser en contrebas ; un autre se battait contre les Serbes, sur le front. Elle n'avait plus de nouvelles de sa fille, à Sarajevo depuis un an. Le prêtre qui était avec moi, le père Kraljavic, lui posa une question, une seule :

— Comment trouves-tu la force de vivre ?

— Je m'appuie sur la croix, répondit-elle. Je vais à la messe chaque jour que Dieu donne. Je prie sans cesse. Et plus je prie, plus je suis forte. »

Le crucifix du réfectoire de la Fraternité Saint-Joseph, à Harlem. Toute vie humaine rencontre la croix. « Tant qu'il y a sur la Terre un homme qui souffre, je suis là », semble dire le Christ.

« Un deuxième souvenir me soutient quand la souffrance me submerge, dans le Bronx ou à Harlem, reprend frère John. De temps en temps, nous allions rendre visite aux frères du couvent franciscain de Mostar, en Bosnie. Ces courageux ne l'avaient jamais quitté, même au pire moment, lorsque l'édifice s'était trouvé sur le front. L'église et une grande partie des bâtiments avaient été détruits, mais les frères étaient restés.

Ce jour-là, ça canardait très fort. Pour échapper aux snipers, nous avons couru par des ruelles étroites. Le couvent était exactement dans la ligne de feu. Des obus explosaient, des murs s'effondraient. On s'est précipités dans les caves du monastère. Là, stupéfaction : les franciscains, sereins, joyeux, nous ont accueillis comme si de rien n'était. Ils nous ont offert une bière fraîche. Tous riaient comme de vieux amis qui se retrouvent malgré les difficultés de la vie. Les étages supérieurs – ou ce qui en restait – s'effondraient sous les coups, le sol tremblait, mais ces hommes qui ne possédaient rien, dont la vie était donnée à Dieu, riaient de bon cœur, sans peur. Ils étaient libres. Mon ami Jeff et moi, nous nous regardions, intrigués, lorsqu'un des frères nous dit : "Quoique tu fasses, ne les laisse pas t'enlever la joie." Jamais je n'oublierai ce moment de lumière.

Je suis resté à Medjugorje quelques mois, tentant de discerner ma vocation tout en "gardant ma joie". J'étais certain désormais d'être appelé à une vie religieuse. J'ai fermé l'entrepôt et suis retourné aux États-Unis, sans oublier le conseil du père Slavko : "Cherche une communauté orthodoxe à la foi, fidèle à l'Église et à la vocation originelle franciscaine." Il m'avait parlé des Franciscains du Renouveau, soulignant le besoin qu'avaient les États-Unis de communautés pratiquant une contre-culture de la pauvreté et de l'austérité.

De retour au pays, je vais donc sonner à la porte du noviciat Notre-Dame-de-Guadalupe, dans le nord du Bronx. Un moine barbu m'ouvre et s'exclame : « John, c'est incroyable ! Comment vas-tu ? » Je ne connaissais pas ce type. Il me dit : « Je suis Mark,

Mark Fisher ! » On est tombé dans les bras l'un de l'autre, je ne l'avais pas reconnu à cause de sa barbe : Mark Fisher était mon copilote lors de notre premier convoi à Medjugorje. Il avait reçu l'appel de Dieu en conduisant le camion, et se dénommait désormais frère Léo.

Mes trois amis protestants de la Saint David's Relief Foundation se sont convertis au catholicisme après leur mission à Medjugorje. Des fidèles de l'église épiscopalienne Saint-David de Dallas qui avaient mobilisé tant d'argent et d'énergie pour épauler ces frères catholiques de Bosnie attestent avoir aperçu, durant un office, une femme rayonnante de lumière derrière le célébrant. »

Où frère Francis évangélise les délinquants de la prison de Spofford en remontant ses manches, *et raconte qu'il a croisé le Sacré-Cœur de Jésus dans une cabine téléphonique*

COMME chaque dimanche après-midi, frère Francis se rend au Spofford Juvenile Center pour animer la messe dominicale. Cette prison pour mineurs ressemble à un château en Lego, aux cubes blanc sale. Il trône sur les hauteurs de Hunts Point, dans le South Bronx, au-dessus d'immenses entrepôts désaffectés, d'usines aux fenêtres brisées. Deux cent soixante garçons et quarante filles y vivent en cage. Le plus jeune détenu est âgé de onze ans. Ces délinquants sont parmi les plus durs, ceux que les autorités judiciaires n'ont pu placer en famille d'accueil.

Du promontoire de Hunts Point, on aperçoit, au-delà des docks venteux et des grues maigres, l'East River. Les eaux d'argent du fleuve encerclent l'île du Diable, Rikers Island, la plus grande prison du monde. Dans ce véritable camp retranché, construit au milieu de la baie, relié à la ville par un pont unique étroitement surveillé, cohabitent près de 18 000 prisonniers [1]. Qui commence à Spofford finit souvent à Rikers.

Sur sa butte, le Juvenile Center est adossé au parc d'un couvent

1. J'ai visité l'enfer de Rikers Island avec deux religieuses, Simone et Amy, des sœurs de l'Évangile. L'une est belge, l'autre est française. Ces « aumônières » catholiques de la prison se démènent comme de beaux diables, si j'ose dire – comme de bons anges est l'expression juste – pour introduire un peu de paix et de compassion dans cet univers impitoyable. Mais c'est une autre histoire... *(N.d.A.)*

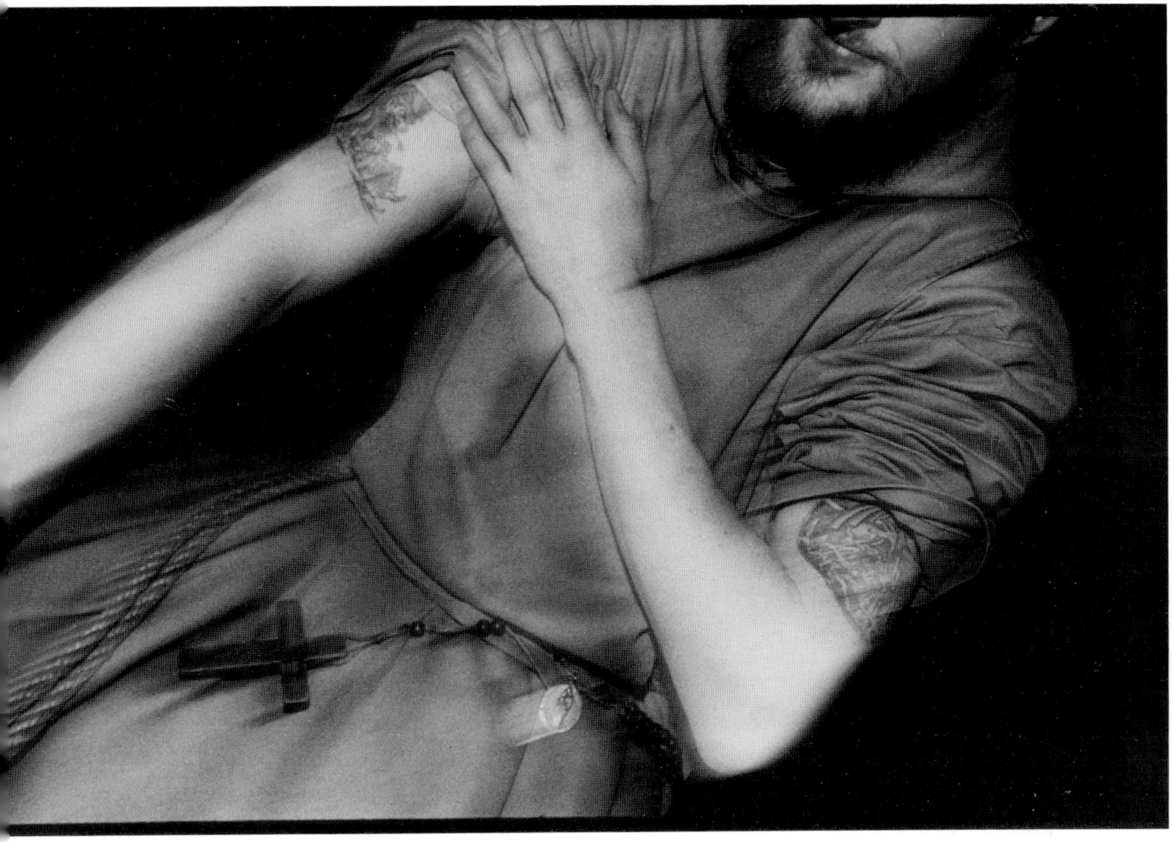

L'immense frère Francis est un ancien skinhead. Il visite aujourd'hui les délinquants de la prison de Spofford, sur la colline de Hunts Point (South Bronx).

de dominicaines. Ces religieuses contemplatives ne manquent pas d'intentions de prière, entre les prostituées qui font le trottoir face à leur porche d'entrée, et les trois cents jeunes fauves incarcérés derrière leur monastère.

« J'étais en prison et vous m'avez visité... » Frère Francis a entendu cet appel du Christ. Il s'est particulièrement attaché à l'apostolat en prison. C'est un jeune homme longiligne. Sa haute taille le rapproche des paniers de basket ; il joue souvent au ballon, dans la rue, devant la fraternité Saint-Crispin avec les jeunes du quartier. Son visage allongé, très pâle, est couronné d'une brosse blonde, courte, et d'une barbiche timide, claire comme son regard.

Chaque semaine, l'immense franciscain, sa guitare à la main, franchit les grilles de la prison, accompagné de deux religieuses missionnaires de la Charité. Cette équipe catéchise une trentaine de délinquants. Frère Francis n'oublie pas qu'il aurait dû, lui aussi, passer une bonne partie de sa vie derrière les barreaux, s'il n'était un jour entré dans une cabine téléphonique où Dieu l'attendait.

Lorsqu'il empoigne sa guitare et retrousse ses manches, les regards de ses auditeurs convergent sur les quatre tatouages aux motifs peu évangéliques qui ornent ses biceps. Les jeunes le questionnent. Frère Francis leur explique qu'il n'a pas été enfant de chœur...

Il est né à Ilford, une banlieue ouvrière à l'est de Londres, dans l'une de ces petites maisons siamoises de brique qui s'alignent tristement dans les cités minières. Il a deux ans lorsque son père, livreur de profession, abandonne sa mère. Pendant que celle-ci cherche désespérément un remplaçant, Francis et son frère aîné poussent comme des herbes folles.

Livrés à eux-mêmes, les deux rebelles intègrent une bande de skinheads. À quinze ans, Francis largue l'école. La drogue l'accroche. La drogue, les filles, les bagarres, les cuites, la rue, la provocation, la haine...

Pour acheter leur came, les deux frères complices dévalisent un magasin de chaussures. Arrêté dès ce premier vol – sa chance –, Francis est condamné avec sursis. Pendant que son frère purge sa peine, il squatte une chambre dans un immeuble abandonné. Retraite forcée dans un ermitage de misère. Une question lui revient sans cesse en tête : à quoi bon la vie ?

Il traîne son désespoir dans les ruelles d'Ilford lorsqu'il aperçoit, un jour, un papier qui traîne sur la planchette d'une cabine téléphonique. La tache de couleur attire son regard. Cette image, probablement tombée d'un portefeuille, représente un homme au visage pâle et doux, aux cheveux longs, blonds. Il lève une main vers le ciel. Son cœur rouge sang est apparent sur sa tunique bleu ciel, et des rayons d'or en jaillissent. Au bas, cette inscription : « Christ, infinie Miséricorde. Jésus, j'ai confiance en toi. » Francis ne comprend pas pourquoi ce type le touche. Ce hippie lumineux le rejoint quelque part. Le skin glisse son portrait dans sa poche de blouson. Le regarde souvent. Ressent chaque fois une émotion mystérieuse.

Il poursuit sa quête solitaire. Étudie le New Age, essaie l'hypnose, puis les pendules ; consulte des médiums, des voyants... Il demeure insatisfait. Seule la contemplation du hippie de « l'Infinie Miséricorde », cette reproduction qu'il porte sur lui comme un talisman, le console.

Surprise ! Il découvre un jour, dans la vitrine d'une librairie d'Ilford, un poster de son image. Cette boutique vend des livres de spiritualité catholique. Affublé de ses chaînes, de ses clous, de son cuir, de son jean en lambeaux, les santiags poussiéreuses, trois boucles à l'oreille, Francis pousse la porte. Une clochette tinte. Son destin bascule, il ne le sait pas encore.

La patronne sursaute devant ce jeune homme hirsute, au physique menaçant, pas très catholique.

— C'est qui, lui ? demande le skin en montrant le poster du Christ.

— Euh... le Sacré-Cœur, c'est-à-dire Jésus notre Sauveur, répond la dame pas très rassurée.

— Vous pouvez m'en dire plus sur ce type, Jésus Sauveur ?

— Bien sûr... Jésus est le Fils de Dieu. Il a été envoyé par son Père pour racheter les hommes, chacun des hommes, et donner sa vie pour eux.

— Et pourquoi ? Vous pouvez me dire pourquoi ?

— Mais, par amour, monsieur, par amour. Dieu nous aime d'un amour fou. C'est d'ailleurs ce que représente la gravure : de son cœur transpercé, symbole de l'Amour, s'écoule la Vie...

— Le cœur transpercé ? interroge Francis qui a des trous dans les oreilles et dans les narines.

— Oui, transpercé par le coup de lance d'un soldat, après sa mort sur la Croix. Il en est sorti du sang et de l'eau...

— Mmmmmm...

Le garçon poursuit son tour du magasin, pensif, silencieux. Passée sa première frayeur, Cathy, la libraire, poursuit l'enseignement. Elle parle du Christ, de l'Église, de la Vierge Marie, du mystère de l'eucharistie, des Évangiles... Francis ne comprend pas pourquoi ces mots énigmatiques l'attirent.

Il quitte la boutique avec des images pieuses offertes par Cathy, et se presse d'aller raconter sa rencontre avec Jésus Sauveur et Sacré-Cœur à ses amis skins. La bande éclate en sarcasmes et se moque de ces ringardises. Francis se sent de plus en plus seul chez les barbares.

Il revient régulièrement à la librairie. Cathy lui fait rencontrer des clients fervents. Un jour, un de ses amis, avocat, offre au skinhead ébahi un pèlerinage à Fatima, au Portugal. Pour la première fois, Francis quitte sa banlieue grise. Le voyage est inoubliable. « J'ai passé quatre jours à pleurer et à prier : je venais de découvrir que j'avais une Mère et qu'elle m'aimait tendrement », se souvient-il.

Un second mécène lui paie le billet de train pour se rendre à un rassemblement Youth 2000, dans le nord de l'Angleterre. Francis participe à ces deux journées de retraite. Les paroles de feu d'un jeune franciscain américain dénommé Stan Fortuna l'embrasent.

Celui-ci parle avec une ferveur ardente de la folie de l'eucharistie. Miracle de la foi ? Francis reconnaît soudain dans la minuscule hostie blanche ce Christ de l'image pieuse de la cabine téléphonique. « Secrètement, c'est Lui que j'attendais depuis des années. C'est la rencontre que je désirais de toute mon âme... »

Francis demande le baptême en mars 1993. Puis s'interroge sur la vie religieuse. Il réalise que la conversion de François d'Assise, le Poverello, ressemble fort à la sienne. « Durant des années, j'avais voulu donner ma vie. Quand j'ai su à qui, il m'a été facile de tout donner. »

Des années plus tard, Francis apprendra que l'image du Sacré-Cœur qui a changé sa vie a été déposée dans la cabine téléphonique par un Irlandais dénommé Fergus. Grâce à Cathy, il fera sa connaissance. Ce vieil homme récitait chaque jour le rosaire et se rendait à la messe, après une heure de marche rendue difficile par la maladie, pour la conversion des jeunes d'Ilford. Puis il visitait chacune des cabines téléphoniques de la ville pour y abandonner ses images pieuses.

Quand M. Fergus mourut, Francis servit la messe des funérailles de celui qui était devenu son ami, et que le Seigneur avait placé sur sa route dans sa miséricorde.

La miséricorde, voilà ce dont témoigne aujourd'hui frère Francis en relevant ses manches pour jouer au basket dans les rues de Melrose ou gratter sa guitare dans la chapelle de la prison de Spofford.

Le jour de la fête du quartier, en juin, la rue appartient à tous.
Les frères organisent des jeux durant toute la journée.

Comment les frères disent la vérité, *toute la vérité, et plaident coupable devant la Cour*

Aide-moi, *brother*, j'ai la trouille !

Deux heures du matin. Jason, Portoricain de dix-huit ans, tire frère Martin de Porrès du sommeil.

— Je viens d'être arrêté pour trafic de drogue, je dois passer en jugement la semaine prochaine. Viens avec moi. Je veux pas aller en prison.

Frère Martin et Jason jouent ensemble dans l'équipe de basket de Saint-Crispin. Le jeune caïd s'effondre en larmes, terrorisé à l'idée d'être incarcéré.

Huit jours plus tard, le franciscain se rend à la Criminal Court, à l'angle de Sheridan Avenue et de la 161e, non loin de Grand Concourse, les Champs-Élysées du Bronx. Ce temple de la justice humaine est un monolithe de pierre claire aux allures de mausolée. Il absorbe et recrache chaque jour des milliers d'individus, condamnés menottés encadrés de policiers, avocats à chemise blanche et juges en robe noire, hommes à la mine patibulaire, la casquette retournée, femmes au visage las...

Les prévenus font la queue depuis l'aube contre la muraille de marbre, sur le trottoir entourant la Criminal Court. Beaucoup de délits mineurs sont traités en moins de cinq minutes ; les appelés défilent à la barre. Ils assistent à leur jugement, seuls, ou accompagnés de leurs familles et de leurs amis.

Martin de Porrès commence à désespérer de retrouver Jason dans la fourmilière lorsqu'il croise le jeune homme au détour d'un corridor. Ils s'embrassent et vont ensemble rencontrer l'agent de probation qui traite le dossier. Martin de Porrès apprend que

Jason a déjà été condamné à deux ans de prison avec sursis pour les mêmes charges. La seconde condamnation sera plus lourde, l'agent de probation ne veut rien connaître des circonstances atténuantes. « Tu iras à Spofford, ils ne te rateront pas cette fois-ci », lance-t-il à Jason, terrifié.

Tout en tripotant son chapelet, Martin de Porrès propose à l'agent de probation de placer Jason à Abraham House. Ce centre de réinsertion, non loin de la fraternité Saint-Crispin, a été fondé par un prêtre de la Mission de France, Pierre Raphaël, pour éviter à des jeunes condamnés, en accord avec la justice, le traumatisme de la prison. Le père Raphaël est l'ancien aumônier de Rikers Island. Cet anticonformiste discret soutient qu'« il est paradoxalement plus facile de dire l'Évangile à Rikers Island qu'à la cathédrale Saint-Patrick, dans les beaux quartiers ». Il sait aussi que la prison corrompt et pourrit.

L'agent de probation refuse la proposition de frère Martin : « Trop tard, ça ne changera rien, il est foutu. » La mère de Jason se tord les mains de désespoir. Martin lui souffle à l'oreille, se surprenant lui-même de cette audace : « Confiance, tout est possible à Dieu. » Il s'accroche à son chapelet. Un prochain rendez-vous est fixé pour le jugement.

En sortant du bureau, Martin dit à Jason :

— Viens avec moi, on va voir le père Raphaël. Tu dois essayer Abraham House...

— Mais l'agent a dit que ça ne servirait à rien !

— D'abord, ça te servira à toi. Et puis on ne sait jamais. Quelqu'un me souffle d'essayer...

Abraham House est installé sur Mott Haven Station, dans le Bronx. Cette maison de trois étages était en ruine lorsqu'elle fut donnée en 1993 au père Pierre Raphaël par le Catholic Charity of New York. Restaurée, elle reçut son nom de Maison d'Abraham.

— Abraham est un homme âgé, explique le père Raphaël avec son accent de l'Aveyron (son père était facteur à Millau). Il a toute une existence derrière lui, comme les prisonniers. Malgré tout, Abraham a confiance ; il accepte de changer radicalement de vie, de direction.

Le père Raphaël et les petites sœurs de l'Évangile qui œuvrent avec lui proposent à des prisonniers d'accomplir leur peine en dehors de la geôle, dans un climat de prière et de confiance qui leur permet de se restructurer et de commencer une nouvelle vie.

Depuis 1993, cinquante condamnés sont déjà passés par Abraham House. Avec succès. Certains juges soutiennent l'expérience. Trois anciens gardiens de Rikers y collaborent. « En tôle, je voyais les prisonniers, à peine libérés, revenir aussitôt, témoigne l'un d'eux, William Sutton. J'appelais ça le syndrome de la porte tournante. Alors que beaucoup d'entre eux ont seulement besoin d'une aide légère mais qui n'est pas proposée en prison : désintoxication, psychothérapie, stage professionnel... »

À l'entrée d'Abraham House, un grand panneau affiche les noms de tous ceux qui, à travers le monde, se relaient, de demi-heure en demi-heure, pour prier à l'intention des hôtes de la maison. Et ce verset tiré de la parabole de l'enfant prodigue : « Mon fils, qui était mort, est revenu à la vie. »

Encouragé par frère Martin et frère Shawn, Jason commence le programme d'Abraham House. Les activités lui plaisent. Il s'insère bien dans l'équipe du père Raphaël. Que dira l'agent de probation de cette initiative ? Martin de Porrès use son chapelet.

Le jour du jugement, le franciscain rejoint Jason et sa mère à la Criminal Court. Le procureur est absent, le jugement remis à plus tard. « Ouf, soupire frère Martin, autant de temps de gagné. »

Au rendez-vous suivant, les papiers de l'accusation restent introuvables. Le jugement est remis une nouvelle fois.

Quand ils se réunissent pour la quatrième fois, un différend oppose le franciscain à l'avocat de Jason. Celui-ci conseille de plaider non coupable, frère Martin lui suggère le contraire :

— Tu dois dire la vérité, reconnaître le mal, et plaider coupable. On ne gagne rien au mensonge. Si tu demeures dans la vérité, le Seigneur travaillera pour toi.

Jason hésite. L'avocat fulmine contre ces rivaux ingénus qui portent une robe comme lui mais conseillent gratis.

— Nous gagnerons davantage si nous plaidons non coupable, assure-t-il, fort de son expérience.

Martin et Shawn rétorquent, forts de la Parole de Dieu :

— Au niveau juridique, vous avez sans doute raison, mais c'est une vue à court terme : s'il ment, il en tirera un avantage maintenant. Mais que dira-t-il au Jugement éternel ? Faisons confiance à Dieu. Il est la Vérité.

Le greffier interrompt le débat : les papiers demeurent introuvables. La séance est une nouvelle fois reportée.

Ce délai permet à Jason de réfléchir. Il décide, contre les conseils de son avocat, d'écouter sa conscience. Le jour du jugement, Jason suit une nouvelle fois l'interminable queue de la Criminal Court, le ventre tordu par la peur. Malgré la terreur que lui inspire la prison, il plaide coupable. Au grand étonnement de tous les participants, le juge déclare :

— Si vous aviez plaidé non coupable, je vous aurais envoyé immédiatement à Spofford. Mais vous avez reconnu vos torts et vous avez entamé un programme. Je vous mets donc en probation, avec l'obligation de continuer Abraham House. Vos résultats décideront de la fin du programme. L'audience est levée !

Frère Martin et frère Shawn se donnent l'accolade et courent embrasser Jason et sa mère. Celle-ci pleure de joie, serre son fils contre elle. L'avocat plie sa robe avec soin puis se tourne vers le garçon :

— Je ne comprends pas ce qui s'est passé. Je n'ai jamais vu un tel dénouement. Tu avais toutes les chances d'aller en prison. Un fameux coup du sort vient de changer ta destinée. Ne rate pas cette occasion de t'en sortir. C'est sans doute la dernière !

Virée sur le bac des « pingouins » dans l'Upper Bay. Manhattan surgit de la brume devant les frères, témoins de l'Invisible envoyés vers Babylone.

Comment la prière des frères *s'élève, devant Manhattan, en louanges et supplications*

Certains soirs de printemps, les frères s'offrent une virée marine à bord du bac des « pingouins ». Ce ferry transporte les cadres sérieux, en costume strict, du World Financial Center de Manhattan où ils travaillent, à Staten Island où ils habitent. La traversée allée et retour dure à peine une heure. Elle permet de profiter d'une vue étonnante sur Manhattan et sa forêt de totems, pour cinquante cents seulement.

Les franciscains embarquent à la pointe sud de Manhattan, à Castle Garden Dock, dans Battery Park, là où la première poignée d'émigrants, venus des Pays-Bas, s'est établie en 1624.

Frère Benedict, l'un des pionniers de la communauté, retient son béret d'une main à l'avant du ferry. Le vent de l'Océan, propulsé par le goulet de Narrows, à la pointe de Brooklyn et de Staten Island, lui rebrousse la barbiche et lui confère des allures de prophète comique. Benedict Groeschel, le premier serviteur général de la communauté, se surnomme lui-même en français « le frère misérable ». Ce pince-sans-rire est l'un des clercs les plus occupés des États-Unis. Chargé par le cardinal O'Connor, l'archevêque de New York, du développement spirituel de l'immense diocèse, il conseille également plusieurs évêques et des personnalités éminentes. Il vit dans un simple garage, aux murs couverts de livres, gère à lui seul trois lignes téléphoniques, prêche en deux endroits différents des États-Unis durant le même week-end, et répète à tout bout de champ : « Dieu se sert des fous. » Frère Benedict se range dans cette dernière catégorie : « Je souffre personnellement d'une névrose obsessionnelle et compulsive, à tendance hystérique et paranoïaque, avec stress mélancolique. » Son autodiagnostic est implacable : il est docteur en psychologie, diplômé de Columbia.

Le « moine fou » raconte, dans les piaillements des goélands, l'anecdote, survenue quarante ans plus tôt, qui a bouleversé sa vie : Dieu s'est révélé à lui dans un homme de douleur.

« Jeune prêtre, je travaillais à Children's Village, un centre pour jeunes en difficulté, à Dobbs Ferry. Il m'arrivait souvent d'aller visiter certains d'entre eux, incarcérés dans les prisons de New York. Un jour où j'allais voir un garçon à la prison de Brooklyn, les gardiens m'invitèrent à partager leur repas pendant que les détenus réintégraient leurs cellules après la récréation.

Au milieu du déjeuner, un gardien surgit et me dit : "Père, voulez-vous m'accompagner au premier étage, un garçon vient de se pendre." Nous nous précipitâmes à l'étage supérieur. "Il est tout jeune mais il est condamné à vingt ans de prison, m'explique le gardien en courant : il a été complice d'une attaque à main armée qui a causé mort d'homme."

Au bout du couloir, se massaient des détenus et des officiers. Au milieu d'eux, à terre, allongé sans connaissance, un jeune Hispanique, fin, pâle comme un suaire, portant une mince barbe noire. Je m'agenouillai à ses côtés, tandis que le docteur lui prenait le pouls. Celui-ci me dit : "Ne vous inquiétez pas, père, ce n'est rien. Il a essayé de se pendre mais la corde a cassé ; il s'est assommé. Tout va bien, il va se réveiller, il n'y a pas de problème. Allez achever votre repas."

Des pensées me traversèrent l'esprit alors que je me penchai sur le jeune aux yeux clos : comment peut-on dire que ce garçon va bien alors qu'il vient de se suicider ? Comment peut-on dire qu'il n'y a pas de problème ?

Ses paupières bougèrent, il ouvrit les yeux et revint à lui. Il me regarda et me sourit, d'un magnifique sourire, un sourire de bonheur. Et je lui rendis son sourire. Nos visages étaient proches l'un de l'autre, notre échange fut intense. Mais, en une fraction de seconde, je compris sa méprise : ce garçon croyait être mort ! Il voyait avec bonheur un jeune barbu, roux, avec une robe brune et un sourire d'amitié qui se penchait sur lui, ce qui confortait son soulagement d'avoir échappé à la prison. Mais en réalité il n'était pas mort ! Consterné, je relevai la tête. Soudain, le jeune détenu aperçut les gardiens, le docteur, les grilles, le couloir. Je vis ses yeux s'emplir d'une immense et définitive tristesse. Il réalisait qu'il n'avait pas pu s'enfuir de ce monde et qu'il n'échapperait pas à son destin.

Il se mit à pleurer, avec de lourds sanglots. Sa déception était insupportable. Les gardiens le tirèrent dans sa cellule. J'étais accablé, je ne pouvais rien pour lui. Alors que je regagnais la sortie, je crus sentir la sueur et le sang, entendre les coups de marteau sur les clous qui pénétraient les mains du condamné, je crus entendre crier : “Pourquoi m'as-tu abandonné ?” Jamais les mots du Christ dans l'Évangile de saint Mathieu n'ont été aussi réels pour moi – et cela a bouleversé ma vie – : “J'étais en prison et vous m'avez visité.” »

Le ferry débouche dans l'Admiral George Dewey Promenade, exactement dans l'axe de la statue de la Liberté. Sur le socle de la grande dame, sont gravés ces mots de la poétesse Emma Lazarus que les franciscains ont fait leurs :

Donnez-moi ces masses de misère, épuisées,
Blotties, avides d'air libre,
Pauvres débris de vos rivages surpeuplés.
Envoyez-les moi, ces vagabonds, jetés dans la tourmente...

Toute proche, Ellis Island, gare de triage de la Terre promise. Douze millions d'hommes, de femmes et d'enfants y franchirent, au début du siècle, les portes du Nouveau Monde.

Frère Glenn, qui reste rarement sérieux plus de cinq minutes – sauf à la chapelle –, lance une blague :

— Un bateau d'immigrants quitte l'Europe pour rejoindre les États-Unis, avec à son bord un bénédictin, un dominicain, un franciscain et un jésuite. Ce bateau est un cousin du *Titanic* : un iceberg fend sa coque. Le navire commence à couler, panique à bord. Comme il n'y a pas suffisamment de places dans les canots de sauvetage, le bénédictin décide de se sacrifier : il monte sur le bastingage, crie : « Vive Dieu et les bénédictins ! » et se jette à l'eau. Le dominicain suit son exemple, monte sur le bastingage, crie : « Vive Dieu et les dominicains ! » et se jette à l'eau. Le franciscain réalise l'urgence de la situation, monte sur le bastingage, crie : « Vive Dieu ! »... et pousse soudain le jésuite à l'eau. Savez-vous pourquoi, mes frères ? Un franciscain ne quitte jamais le bateau quand il coule !

Les novices applaudissent, crient « hip, hip, hip hourra ! », et scandent : « Glenn, une autre, une autre ! »

— Bon, d'accord, puisque vous y tenez, répond Glenn, ravi. Un franciscain va, un jour, se confesser à un jésuite. Après sa confession, celui-ci dit au franciscain : « Vous avez fait une très belle confession, mon frère, Dieu est très heureux, je peux vous l'assurer. Mais comme vous êtes un grand pécheur, pour votre pénitence, vous ferez le chemin de croix ; et à chacune des quatorze stations, vous réciterez un rosaire (trois fois cinq dizaines de chapelet). Maintenant, mon frère, si vous voulez bien entendre ma confession... » À son tour, le franciscain écoute la confession du jésuite, et lui dit à la fin : « Vous avez fait une belle confession, Dieu est très heureux, je vous l'assure. Comme vous avez peu péché, pour votre pénitence, vous réciterez seulement un rosaire... et à chaque "Je vous salue Marie", vous ferez un chemin de croix. »

La nuit s'empare de Manhattan. La forêt de gratte-ciel illuminés surgit de l'eau noire. Frappés par les dernières fulgurances du crépuscule, les buildings ressemblent à des lingots d'or dressés sur un lac de mercure.

Dans le ricanement des mouettes et le grondement du ferry, un frère entonne le cantique biblique d'Azarias et de ses compagnons, plongés dans la fournaise de Nabuchodonosor :

Béni sois-tu, Seigneur, Dieu de nos pères,
Loué sois-tu exalté éternellement !
(...) Ô vous, soleil et lune, bénissez le Seigneur !
Ô vous, astres du ciel, bénissez le Seigneur !
Ô vous, lumière et ténèbres, bénissez le Seigneur !
Ô vous, mers et rivières, bénissez le Seigneur :
Chantez-le, exaltez-le éternellement !
Ô vous, enfants des hommes, bénissez le Seigneur :
chantez-le, exaltez-le éternellement !
(Daniel, 3, 52)

Comment frère Bob Lombardo *achète un immeuble qui n'existe pas et prêche la pauvreté à bord d'une caravelle en allumettes*

Lorsque les frères décident en 1996 d'ouvrir une résidence annexe au *shelter* Padre Pio pour accueillir des *homeless* en voie de réinsertion, ils visent bien sûr l'immeuble voisin de la fraternité Saint-Crispin. C'est une ruine écumée par les squatters, une épave dont les béances noires fixent les passants comme les orbites d'un crâne. « On peut le rebâtir... Tout le problème, c'est de l'acquérir », songe frère Bob, le comptable de la communauté.

Un soir d'hiver de son enfance, Bob Lombardo rentrait d'une répétition de théâtre – il préparait à la paroisse une pastorale sur la vie du Christ pour la fête de Noël – lorsqu'il avait failli marcher sur un vagabond couché dans la neige sur un trottoir. « Curieux, on fait rentrer les animaux au chaud lorsqu'il gèle, avait-il pensé, mais on laisse des hommes dehors... » Ce soir-là, le petit Bob avait promis à Dieu de lutter contre cette anomalie quand il serait grand. Le Seigneur l'avait pris au mot.

« Qui peut bien être propriétaire de cette ruine ? » se demande frère Bob en composant le numéro téléphonique du service de la Ville :

— Vous parlez d'un immeuble sur la 156e, mitoyen du nº 420 ? interroge le fonctionnaire.

— Exact, c'est un immeuble de six étages, avec un pas de porte d'une vingtaine de mètres de long.

— Je suis désolé, monsieur, vous devez rêver. Je consulte

Freddy, l'un des gardiens de la résidence Saint-Antoine ouverte par les frères pour les sans-abri en voie de réinsertion, est un ancien motard au passé turbulent, converti au Christ.

actuellement le cadastre, il n'y a pas d'immeuble à l'endroit indiqué.

— Je ne rêve pas, monsieur, répond frère Bob, car, à l'heure où je vous parle, j'ai cet immeuble devant les yeux !

— Navré, vous devez confondre avec un autre bâtiment, ou bien il faut arrêter de boire, mais il n'y a pas d'immeuble à ce numéro.

— Mais je vous promets que si, il y en a un. Et je suis à jeun depuis des mois. Venez voir vous-même !

— D'accord, monsieur, je viens voir. Et je suis tellement sûr de ce que j'affirme que, si vous avez raison, et s'il y a bien un immeuble où vous l'indiquez, je vous le vends un dollar !

— Tope là, répond le franciscain, dont le flegme ne peut masquer l'excitation.

Quelques heures plus tard, frère Bob découvre, sur le trottoir du couvent, un homme, debout, les yeux levés au ciel, rivés sur l'immeuble en ruine, qui murmure : « Mon Dieu ! Il y a un immeuble, c'est pas possible, il n'existe pas mais il y a bien un immeuble ! Mon Dieu ! »

— Je ne vous ai pas raconté de bobard, vous voyez, dit Bob.

— Monsieur, je n'ai qu'une parole. Cet immeuble qui n'existe pas sur nos plans est à vous pour un dollar.

C'est ainsi que la municipalité de New York céda pour un dollar l'immeuble qui accueille aujourd'hui soixante *homeless* en voie de réinsertion. Le bâtiment et ses hôtes ont été consacrés à saint Antoine de Padoue, un franciscain portugais du XIIIe siècle qu'on implore pour retrouver les objets perdus.

« Un immeuble pour un dollar, c'est bien beau, poursuit frère Bob dans son bureau, au rez-de-chaussée de la résidence Saint-Antoine, mais tout restait à faire ! »

Il continue son récit : « Il fallait le reconstruire de fond en comble. Les travaux étaient estimés à 400 000 dollars et je n'en avais pas le premier *cent*. Si nous attendions d'avoir cette somme-là sur notre compte en banque, le permis de construire serait expiré depuis longtemps ! Alors, j'ai placé des reliques dans les fondations de la future résidence Saint-Antoine. Puis j'ai fait le grand saut dans la foi – un saut périlleux ! – et j'ai signé les contrats en mon nom. J'étais un peu nerveux : 400 000 dollars à trouver, tout seul...

Un prêtre ami d'une paroisse très riche m'a proposé de venir prêcher dans son église durant les messes du week-end ; les gens m'ont donné 50 000 dollars. Il y avait dans l'assemblée un journaliste qui a communiqué l'information au *New York Times*. Touché par le reportage publié dans ce quotidien, le maire de New York nous a accordé lui-même une subvention de 250 000 dollars ; d'autres bienfaiteurs se sont ralliés.

Ouf ! J'ai enfin pu avouer à mes frères que j'avais signé pour 400 000 dollars de travaux. Je n'avais pas osé le leur dire... »

Derrière frère Bob, sur une étagère, trône une caravelle, une réplique de la *Santa Maria* avec laquelle Christophe Colomb traversa l'Atlantique en 1492. « C'est une de mes armes apostoliques les plus convaincantes, confie-t-il. Je l'emporte souvent avec moi lorsque je vais prêcher... »

L'alarme incendie se déclenche un jour au troisième étage de la résidence Saint-Antoine. Les frères se ruent, les pompiers de la caserne voisine accourent. Ils inspectent les chambres une à une. En vain. Surprise : personne ne trouve trace de feu ni de fumée.

Il reste une pièce à fouiller, au fond du couloir. Les pompiers toquent, poussent la porte. Un vieil homme est accaparé par son ouvrage : il se prénomme Bill et achève une maquette de bateau. Cet ancien *homeless* souffre d'une légère déficience mentale. Durant dix ans, dans la rue, les gens ont enjambé son corps couché sur le trottoir. La mort n'a pas voulu de lui. Bill a finalement échoué au *shelter* Padre Pio. Les frères lui ont proposé une chambre à la résidence Saint-Antoine. Il y vieillit paisiblement en construisant des maquettes en allumettes. Des centaines de milliers d'allumettes, collées, une à une...

Les pompiers comprennent aussitôt : Bill a déclenché le détecteur d'incendie en grattant ses allumettes. Ils repartent soulagés, et frère Bob complimente le vieux Bill pour l'avancement de ses travaux.

Quelques semaines plus tard, celui-ci frappe à la porte de Bob. Il porte une caisse sous le bras, la dépose sur son bureau en disant : « Pour te dire merci, mon frère. » Bob découvre, bouleversé, une réplique de la *Santa Maria*.

La caravelle de Bill est devenue missionnaire. Durant ses prédications, frère Bob l'exhibe, et raconte, en chaire, l'histoire du vieux Bill :

— Frères et sœurs, beaucoup de gens dans notre monde ont un job très important, de grosses responsabilités. Mais ils seraient bien incapables d'acquérir la patience et la minutie nécessaires pour construire un tel bateau, ainsi que la générosité pour l'offrir et s'en séparer. Nous accueillons au *shelter* Padre Pio et à la résidence Saint-Antoine des hommes dont personne ne veut. Ils sont exclus de partout, jugés bons à rien. Nous les aidons à se stabiliser, mais surtout à révéler leur trésor caché. Souvent ils n'ont pas été assez aimés pour découvrir leurs talents. Ceux-ci demeurent enfouis. Quel homme peut juger un autre homme ? Chacun est infiniment précieux aux yeux de Dieu. À l'heure du Jugement, Celui-ci nous demandera : « Qu'as-tu fait pour aider ton frère à faire fructifier son talent ? »

Comment la Providence soigne *la peur du Bronx de frère Angelus-Marie*

Frère Angelus-Marie ressemble à un bénédictin studieux. Son air lunaire lui fait mériter son prénom angélique. Cet informaticien placide et pacifique a longuement résisté à l'appel de Dieu parce qu'il était terrorisé à l'idée de vivre dans le Bronx. Il avait visité la communauté des franciscains et s'y était trouvé le plus heureux des hommes. Mais il ne pouvait y entrer. Tout son être bloquait.

Il s'imaginait frappé à mort par des bandes sauvages à coups de batte de base-ball, lapidé, martyr, contre un mur couvert de graffitis. « Non, Seigneur, priait-il, demande-moi tout ce que tu veux, mais pas de vivre dans ce ghetto. »

Un jour, récitant le rosaire, il entend une voix : « Va, retourne à New York ». Il est seul dans son appartement, sans doute a-t-il rêvé ? Quelques minutes plus tard, la voix se fait entendre à nouveau : « Retourne à New York ! »

« Cette voix était celle de Dieu, raconte Angelus-Marie. Et j'ai dû m'avouer que je refusais de répondre à Son appel parce que j'avais peur du Bronx ! Dieu avait pris les grands moyens : le haut-parleur ! Je ne pouvais pas résister plus longtemps. J'ai téléphoné au frère Glenn pour prendre rendez-vous tout en suppliant : "Où tu veux, mon Dieu, mais pas dans le Bronx !"

Glenn m'invita à passer quatre jours à la Ferme, l'ermitage de la communauté. Nous pûmes parler très librement. Je lui ai avoué cette trouille phénoménale. Il me répondit que c'était normal, que plusieurs frères l'avait éprouvée : "Il ne faut pas avoir peur de la peur, dit Glenn. Il faut la confier au Seigneur et offrir des petits

Entre macadam et barbelés, le surgissement de l'eau rappelle que le Bronx fut autrefois une plaine paisible, où poussaient le blé et le maïs.

actes d'amour qui vont progressivement ouvrir ton cœur et chasser la peur." Le maître des novices m'incita néanmoins à visiter d'autres communautés, mais je n'y trouvai pas la paix que je ressentais chez les franciscains. Je revins passer les fêtes de fin d'année avec eux. Ma décision était quasiment prise.

Il restait deux obstacles : ma peur du Bronx, et mon appartement. Je devais m'en débarrasser pour intégrer la communauté – la règle de pauvreté est formelle – mais je ne voulais pas le brader. Ma famille avait besoin de cet apport financier. Or nous étions en pleine crise immobilière. J'ai publié une petite annonce dans un journal en affichant le prix souhaité, très élevé par rapport au marché. Je ne me faisais guère d'illusions. Mes amis ne me cachaient pas leur scepticisme : "Tu le cotes au plus haut, au moment où les prix sont au plus bas. Tu rêves ?" J'avais beau répondre : "Vous allez voir, Dieu va m'envoyer un acheteur", mon optimisme était de façade.

Je commençai une neuvaine à cette intention – "Seigneur, si tu veux que j'entre chez les frères, débrouille-toi !" –, lorsque, le neuvième jour, quelqu'un répondit à l'annonce. Je fis visiter l'appartement à cette personne. Elle signa aussitôt une promesse de vente aux conditions fixées, sans même discuter le prix. Je ressentis aussitôt un sentiment de paix et de joie, comme un homme qui rencontre la femme de sa vie. Ma demande d'admission dans la communauté fut acceptée. Quant à ma peur du Bronx, elle a disparu en y vivant, lorsque j'eus découvert la beauté de l'âme de nos voisins de quartier. »

Où la Providence profite d'une panne *de voiture pour faire grandir un frère dans l'abandon*

Ce dimanche matin, frère Angelus-Marie vient de quitter la fraternité Saint-Félix, située à Yonkers, au nord de New York. Le tableau de bord de sa voiture clignote comme un arbre de Noël, le véhicule dégage une puissante odeur de brûlé, mais l'ancien programmateur informatique a rompu avec les contingences du monde matériel. Il méprise la mécanique, comme nombre de ses frères, et conduit comme s'il voulait gagner le ciel au plus vite. Il ignore donc le signal d'alarme de la température du moteur. Celui-ci ne tarde pas à se venger.

Après quelques hoquets, sa voiture rend l'âme sur la Franklin Delano Roosevelt Drive. Angelus-Marie peste : il tombe en panne le jour précis où ses parents viennent du New Hampshire lui rendre visite. Il leur a donné rendez-vous à la messe de dix heures, à la cathédrale Saint-Patrick, sur la 5e Avenue. Il va rater le rendez-vous !

De plus, il est bloqué au mauvais moment et au pire endroit. La FDR Drive longe l'île de Manhattan sur son flanc est. Cette voie rapide, très fréquentée, est dépourvue d'aire de stationnement. S'y arrêter signifie des soucis : provoquer un embouteillage, se faire enguirlander par les usagers et pénaliser par les policiers. Frère Angelus-Marie se souvient alors du conseil que mère Teresa, en visite dans le Bronx, confia un jour aux novices de la communauté :

— Quand j'ai besoin d'une aide du Ciel soudaine et rapide, je lance un *help right now*, une « neuvaine express » !

— Ah, bon ! Et qu'est-ce qu'une neuvaine express ? demandèrent les novices en chœur.

— Neuf fois la prière du Souvenez-vous, ô Marie…

*« Loué sois-tu, mon Seigneur, pour sœur Eau qui est très utile
et très humble, précieuse et chaste », chantait saint François d'Assise.*

Tous les frères poursuivirent d'un seul cœur cette prière à laquelle la Mère de Dieu ne pouvait résister : « Souvenez-vous, ô Marie, qu'on n'a jamais entendu dire qu'aucun de ceux qui ont eu recours à votre protection, imploré votre assistance ou réclamé vos suffrages, ait été abandonné. Animé de cette confiance, ô Vierge des vierges, ô ma Mère, je viens à vous et, gémissant sous le poids de mes péchés, je me prosterne à vos pieds. Ô Mère du Verbe incarné, ne méprisez pas mes prières, mais écoutez-les favorablement et daignez les exaucer. Amen. »

Il est 9 h 40. Frère Angelus-Marie soulève le capot du véhicule avec une moue de dégoût, dans un tollé de klaxons. Une fumée noire l'enrobe. Il comprend qu'une neuvaine express s'impose sur la voie express. Il doit d'abord s'employer à dégager la voiture s'il ne veut pas payer une contravention. Angelus escalade les barrières de sécurité pour rejoindre le monde des piétons et trouver de l'aide. Sans un sou, il mendie aux portes d'un immeuble voisin, tout en récitant ses Souvenez-vous, ô Marie... Une femme se laisse toucher et lui tend son téléphone. La police lui promet d'intervenir en un quart d'heure. Angelus remonte sur la FDR en entamant une nouvelle neuvaine express. Sa montre affiche 9 h 50.

Une voiture de police stationne sur place. Un policeman note les chiffres de la plaque d'immatriculation.

— Vous êtes sacrément rapide ! s'exclame Angelus. J'ai à peine raccroché que vous êtes déjà là ! Pourquoi m'avez-vous répondu que vous arriviez seulement dans un quart d'heure ?

— Vous venez de téléphoner ? Ce n'est pas nous que vous avez eu. Nous sommes une voiture de patrouille du secteur. Nous passions par hasard.

Le policier dévisage ce drôle de bonhomme, sa robe grise, ses sandales, ses yeux bleus derrière ses lunettes rondes.

— Ce qui m'ennuie, poursuit Angelus, c'est que je n'ai pas un centime pour payer la dépanneuse, et que j'ai un rendez-vous très important à dix heures, c'est-à-dire... dans dix minutes.

Le flic se gratte la tête, range son calepin de contravention dans sa poche arrière et dit :

— Avec ma voiture, je vais vous tirer hors du FDR Drive. Ça vous coûtera deux fois moins cher qu'un remorquage sur la voie rapide.

Angelus-Marie entame une seconde neuvaine express alors que la voiture de police le pousse lentement vers une bretelle de sortie.

— ... Mais c'est un stationnement illégal, prévient le policier. Il faut que vous bougiez la voiture rapidement, sinon mes collègues vous colleront une amende.

— Je ne peux pas attendre la dépanneuse, répond Angelus, j'ai un rendez-vous avec ma famille, nous devons nous retrouver à Saint-Patrick... Comment vais-je faire pour ne pas avoir de contravention durant ce temps-là ?

Le flic regarde son collègue d'un air entendu, saisit son micro : « À toutes les patrouilles du secteur, surtout pas de PV pour la Chevrolet marron garée en stationnement illégal au bas de la bretelle de sortie sur la 72e Rue. La dépanneuse est prévenue. Merci. »

— OK, c'est arrangé, vous n'aurez pas d'amende.

Angelus regarde sa montre, il est 9 h 55. Il se dit que la neuvaine express de mère Teresa fonctionne à merveille jusqu'à maintenant, qu'on est dimanche, jour où les chrétiens célèbrent la résurrection du Christ, que le policier est bienveillant, et qu'il peut donc s'autoriser une nouvelle audace. En palpant son *memorare*, ce dizainier de dix boules de bois que les frères se passent au doigt pour prier en conduisant, il demande au policier :

— Auriez-vous, par hasard, la gentillesse de me déposer à une station de métro, parce que, voyez-vous, j'ai la messe dans cinq minutes ?

— Votre rendez-vous, c'est avec votre famille ou c'est la messe ? demande le policier qui s'embrouille un peu dans son histoire.

— C'est un rendez-vous avec Dieu, en famille. À la messe de dix heures...

— Mais il est 9 h 58, on est sur la 71e, il y a plus de vingt blocs à descendre, vous n'y serez jamais à temps !

— Vous pensez ? demande Angelus, qui excelle dans le numéro de l'ingénu.

— Sûr ! Montez, mon frère, et accrochez-vous !

Le flic branche son gyrophare, allume sa sirène et démarre en trombe. La voiture bleu et blanc rejoint la 5e Avenue en quelques secondes, vire sur les jantes et entame la descente de la prestigieuse artère dans un hululement.

Le vaste perron de la cathédrale Saint-Patrick est noir de monde, ce dimanche matin. Plusieurs personnalités de la ville gravissent les marches. Le cardinal O'Connor commence à remonter l'allée centrale pour la procession d'entrée, lorsqu'une voiture de police, sirène hurlante, pile devant l'édifice. Toutes les têtes se tournent vers le grand porche. Ce n'est pas le maire de New York qui en descend, mais un petit moine barbichu, en sandales. Dix heures sonnent au clocher.

Angelus-Marie se dit que la Providence donne en surabondance ce jour-là. Il faut en profiter. Après avoir retrouvé les siens et assisté à la messe en famille, le petit frère sollicite une rencontre avec le cardinal O'Connor. Celui-ci s'est engouffré dans la sacristie après la cérémonie. Le gardien de la sécurité lui conseille : « Allez voir le prêtre, là-bas dans le corridor. » Le prêtre en question est tellement désarmé par la demande du moinillon qu'il le fait entrer dans la sacristie, lui et toute sa famille. Ils reçoivent ensemble la bénédiction du cardinal.

Il faut bien redescendre sur terre, retrouver les soucis de ce bas monde, et récupérer la voiture. Avec quel argent payer le dépanneur ? Angelus-Marie n'a pas un sou. En le quittant, son père lui glisse un billet de cinquante dollars dans la poche. Il remonte à pied vers la 72e Rue quand un homme le salue et lui offre un second billet de cinquante dollars. Les cent dollars payent exactement le rapatriement de la voiture, et permettent au frère guilleret d'acheter le *token* (jeton) de métro pour rentrer à la fraternité en rendant grâce.

Comment la Providence remplit les réfrigérateurs, les comptes en banque *et nourrit des frères affamés avec des steaks saignants et des sundaes à la fraise*

UNE FOIS, nous avions un extrême besoin d'argent pour payer des travaux de plomberie, quand tout à coup on sonne à la porte de la fraternité, se souvient frère Stan. J'ouvre : un homme désirait se confesser. J'étais débordé, j'avais mille choses à faire, mais la confession est prioritaire sur les autres tâches dans notre ministère. Je l'emmène dans notre petit salon de lecture et je reçois sa confession. À la fin de l'entretien, il me remercie, me glisse un morceau de papier dans la main, et s'esquive discrètement. J'ai cru que c'était une intention de prière, j'ai mis le papier dans ma poche et j'ai couru toute la journée. Le soir, je retrouve le papier. Stupeur, c'était un chèque de 50 000 dollars. J'y croyais si peu que je ne suis allé à la banque que quelques jours plus tard. "Mais si, mon père, c'est un vrai chèque, m'a-t-on assuré au guichet, vous pouvez l'encaisser, le compte est parfaitement approvisionné !"

Au début de notre installation à Saint-Crispin, poursuit frère Stan, nous n'avions pas de quoi manger, même pas de vin pour la messe. Un jour, un frère dit en plaisantant : "Mmmmmm, je rêve d'une glace sundae !" Trois minutes plus tard, un femme sonne à la porte : "On vient de me donner quatre sundaes, cela vous ferait plaisir ?" Plus on se dépouille du nécessaire, plus Dieu nous comble du superflu. »

Frère Denis-Antoine éprouvait une passion pour frère bœuf, surtout quand il était découpé en steaks.

Un jour, n'en pouvant plus, privé de viande depuis deux semaines, ce frère québécois lança vers le Seigneur ce cri du cœur : « De la viande, par pitié, de la viande ! » Il savait que Dieu ne méprisait aucune prière, même les plus concrètes, depuis qu'il avait vu l'un de ses frères, nourri aux pâtes depuis des jours, rêver tout haut d'un hamburger dégoulinant, et être exaucé par la fente de la boîte aux lettres. Une main anonyme y avait glissé la boîte d'un hamburger et un sachet de frites.

Le téléphone interrompit la plainte de frère Denis-Antoine. Il décrocha. Une sœur dominicaine du couvent de Hunts Point lui dit : « Figurez-vous que des policiers viennent de nous offrir plusieurs énormes morceaux de bœuf. Cette viande a été volée dans un entrepôt du South Bronx il y a quelques jours. La police a coffré les malfaiteurs mais on ne peut pas remettre la viande sur le marché. Aidez-nous à la finir, elle est exquise, et nos congélateurs débordent ! » Frère Denis-Antoine put ainsi satisfaire sa fringale de viande fraîche tout en obéissant à ses supérieurs. À la louange du Père qui répond à la prière de ses enfants affamés.

Les sœurs franciscaines s'obligent à mendier régulièrement pour rendre gloire à Dieu de la générosité de leurs voisins. Un jour qu'elles s'apprêtent à célébrer les vœux de l'une d'elles, deux sœurs vont quêter du jambon, son plat préféré.

— Du jambon ? Et puis quoi encore : vous ne voulez pas du bœuf tant que vous y êtes ? proteste le premier boucher visité.

Un second boucher leur conseille de repasser à midi, à l'heure de la fermeture :

— Il restera peut-être un talon de jambon, on verra...

Elles démarchent tous les bouchers du quartier. En vain. Elles rentrent, les mains vides, déconfites, au couvent. Un homme sonne à la porte, un paquet sous le bras.

— Je viens de la part du boucher de la 142e Rue. Sa femme l'a enguirlandé après votre départ : « Mais pourquoi tu les chasses comme ça ? Tu oserais mendier, toi ? » Le boucher vous prie de l'excuser et vous fait porter cela.

Le porteur retire le torchon et découvre un magnifique jambon.

Sur ces entrefaites, la sœur qui s'est rendue à la seconde boucherie revient avec un énorme jambon : « Il n'avait plus de talon, alors il nous en donné un tout neuf ! » Une troisième sœur descend de l'oratoire et lance : « Quelqu'un est passé tout à l'heure, et a déposé ça pour vous. » Un troisième jambon trône sur la table.

Matthew Fletcher a lourdement emprunté pour payer ses quatre années de philosophie et de théologie à l'université. Or la règle de pauvreté oblige au règlement des dettes avant d'intégrer la communauté.

Le jeune homme s'adresse au Seigneur : « Tu as dit : “Si des enfants demandent du pain, quel père leur donnera des pierres ?” Si c'est bien Toi qui m'appelles à ton service, tu te débrouilleras pour effacer mon ardoise ! ». Matthew colle une médaille miraculeuse sur son livret bancaire et applique l'adage du sage : « Aide-toi, le ciel t'aidera ». Il envoie un mailing à ses amis, leur demandant de participer au remboursement de ses emprunts, et passe l'été à récolter le maïs.

Sur les 17 000 dollars de sa dette, son travail et des dons lui permettent de solder 4 000 dollars. Il reste 13 000 dollars à trouver. La date de rentrée au noviciat approche...

« J'ai passé l'été sur des montagnes russes, raconte-t-il : espoir, déception, espoir, déception... Des gens promettaient de m'aider puis se désistaient... J'essayais de demeurer dans la confiance, ça n'était pas facile. Lorsqu'un dernier groupe de bienfaiteurs me donna une réponse négative à trois semaines de l'entrée au noviciat, je me suis effondré. C'était fichu pour cette année. Il fallait que je trouve un boulot. J'ai écrit au frère Andrew, le supérieur des Franciscains du Renouveau, que je devais différer mon admis-

Frère Bernard et des amis de la rue. Il cite Thomas Merton : « … après tout, "mendiant" est synonyme de "vagabond", et le franciscain doit être un vagabond au sens complet, absolu et mystique du mot, s'il ne veut pas être malheureux et mécontent. »

sion. Quelques heures plus tard, je reçois un appel du père Benedict : “Je viens de rencontrer à un cocktail une dame fortunée qui m’a demandé :

— Connaissez-vous un jeune qui souhaiterait vous rejoindre et qui a besoin d’un soutien financier ?

— Madame, justement, oui...

— Très bien, mon père, envoyez-moi la note !

Alors, mon petit Mats, quand arrives-tu ?” »

Trois jours plus tard, Matthew Fletcher atterrissait à New York et rentrait au postulat.

« Je n’ai jamais su qui était cette femme, dit-il. Elle a tenu à rester anonyme. J’ai seulement pu la remercier au téléphone. Son accent n’était pas de New York. Il me rappelait quelque chose. Je lui ai demandé où elle vivait. En Indiana, à cinq minutes de chez moi... »

Les frères ont baptisé ces providentielles coïncidences des *God-incidences*.

« Il était bien juste qu’affluent les biens temporels, puisque tous avaient tant à cœur les biens éternels », écrivait en 1248 Thomas de Celano, le biographe de François d’Assise (*Vita secunda*, 52).

Où les frères attirent les bêtes

A LA BELLE SAISON, un volatile incongru réveille Saint-Crispin avant les premiers avions. C'est un coq. Un vrai coq de basse-cour qui lance de stridents cocoricos. Picore-t-il, sauvage, dans Crotona Park ? S'est-il échappé du marché aux volailles d'Arthur Avenue ? Ce coq rappelle que le South Bronx, avant d'être une jungle, était au XVIIIe siècle une ferme paisible où poussaient le blé et le maïs.

Ce matin, un chœur de pépiements suit le solo du coq. Le magnolia du jardin est un bouquet bruissant d'oiseaux. Adossé contre le tronc, frère Stan fredonne, en pinçant les cordes de sa guitare, une de ces chansons qu'il compose en priant. Les oiseaux l'accompagnent de leurs *twit-twit, pink-pink, iup-iup, di-dé-dé-dudie.*

Frère Terry, grand gaillard aux yeux clairs, apparaît à la fenêtre de sa cellule, au second étage du presbytère. Mimant un voisin râleur, il lance une sandale sur frère Stan : « On ne peut plus dormir à cause de ces voyous et de leur foutue musique, je vais me plaindre à la police ! » L'admonestation achève de réveiller la communauté. Dans la courette adjacente, Antoinette et Crispin, les deux chiens de la fraternité, aboient en chœur et remuent la queue. Le concert matinal se termine dans une rigolade générale, autour d'un café brûlant et d'un toast à la margarine.

Frère Glenn, le maître des novices, apostrophe ses frères :

— Eeeh, *brothers*, que faites-vous lorsqu'un chien bondit sur le capot de votre voiture et ne veut plus en descendre ?

Frère Shawn, et l'un des chats qui ont élu domicile à la fraternité Saint-Crispin.

Terry s'étrangle avec sa tartine et demande :

— Quoi, un chien a choisi ta voiture pourrie comme taxi ?

— Pas plus tard qu'hier, mon frère !

Glenn raconte l'anecdote, debout, mimant la scène.

Sa vieille Chevrolet est arrêtée à un carrefour. Un bâtard fauve profite de la halte pour bondir sur le capot. Impossible de le faire décamper ; le feu vire au vert, les voitures klaxonnent, mais pas de maître en vue ! Glenn redémarre en douceur, le chien assis à l'avant, fier, le museau pointé droit devant. Au feu suivant, nouvelles tentatives pour faire fuir l'animal qui ne veut toujours pas bouger. Glenn n'insiste pas. Il traverse ainsi New York à petite allure ; les passants montrent du doigt cette vieille voiture cabossée avec un type en robe à l'intérieur et un chien sur le capot.

— Il a fallu que j'attende d'être franciscain, *brothers*, pour que les chauffeurs de Bentley se retournent sur mon passage !

— Nous attirons peut-être les bêtes ? interroge frère Terry en avalant de larges lampées de Corn Flakes.

Dans le parking de la fraternité, face au couvent, une nuit, Terry gare sa Chrysler. Il rentre de la Ferme, ce lieu de solitude, situé à trois heures de New York, en pleine nature, où les frères s'isolent périodiquement du monde pour refaire leurs forces dans la prière. Il est tard. Soudain, un homme de forte carrure, portant un blouson de cuir, sort de l'ombre. Terry, qui n'est pas du genre malingre, déglutit. Il n'a rien à se faire voler si ce n'est des clefs de voiture et quelques dollars ; il n'est pas à son aise pour autant. Le loubard se rapproche de Terry et lui dit :

— Tu veux pas venir dans le parking ?...

« Ça y est, il veut piquer la voiture, songe Terry ; qu'est-ce que je fais ? Je fuis ? Je fonce dans le tas ? »

— Ça me ferait drôlement plaisir que tu viennes avec moi dans le parking, reprend l'homme.

« Aïe, aïe, aïe, *Madre de Dios !* » soupire le franciscain.

— Je voudrais que tu viennes dans le parking... dire une prière pour mon chien.

— ... Pour ton ch..., pour ton chien ? bégaie Terry.
— Oui, il vient de mourir et je l'ai enterré ici.

« Je ne voulais pas le croire, se souvient Terry. Alors j'ai inventé des excuses, je lui ai dit que j'étais très pressé ; tout juste si je n'ai pas inventé un mourant à confesser d'extrême urgence... Mais il insistait, il paraissait réellement bouleversé. Il m'a demandé si les chiens allaient au ciel. J'ai répondu : “Je ne sais pas s'il y a un ciel pour les chiens, mais s'il y en a un, je te promets que ton chien s'y trouve dans les premières places.” Il a paru soulagé, satisfait de la réponse. Et il a murmuré, en me posant une énorme paluche sur l'épaule : “Je te remercie, mon frère.” Il a disparu dans la nuit. Moi, j'ai couru me coucher en remerciant la Sainte Vierge d'être sain et sauf.

Le lendemain matin, dans le parking, j'ai découvert la dépouille d'un petit chien, couché sur un lit de pierres. Une couverture de plastique le recouvrait comme un suaire. Il portait un chapelet autour du cou. »

Où les frères font le trottoir pour défendre le droit à la vie *de leurs animaux préférés, les hommes*

Les frères du Bronx aiment les animaux, mais – ils ne s'en cachent pas – ils préfèrent les hommes. On ne peut leur en vouloir. Le respect de sœur Nature commence, pour eux, par le commencement, c'est-à-dire par la fin, le bouquet de la Création : l'être humain. Celui-ci, façonné à l'image de Dieu, leur paraît plus digne de respect qu'un poisson rouge, fût-il des mers du Sud, ou que le garrot qui mire ses couleurs dans les étangs de Central Park.

Où se cachent les plus pauvres ? Pas d'abord dans le ventre de la Grosse Pomme, dans les couloirs glauques du métro, ou les parkings souterrains de ses gratte-ciel. Ils se dissimulent dans les entrailles mêmes des vivants. À peine conçus, ils sont, parfois, déjà menacés d'exécution.

Même lorsqu'un petit d'homme est le fruit d'une nuit d'ivresse, qu'il naît au milieu des seringues souillées et des immondices d'un squat du South Bronx, sa vie est unique, irremplaçable et promise à l'Éternité. Respecter cette vie, depuis ses premiers frémissements, paraît si essentiel aux franciscains qu'ils ont introduit une clause dans leur charte communautaire pour laquelle ils se feraient ébouillanter et réduire en bouillie pour chats : « Nous reconnaissons que tous ceux dont le droit à la vie est dénié pour quelque raison que ce soit, maintenant ou dans le futur, sont vraiment les plus pauvres. » Ce paragraphe *politically incorrect*, le Petit Pauvre, leur fondateur, l'applaudit certainement du haut du ciel.

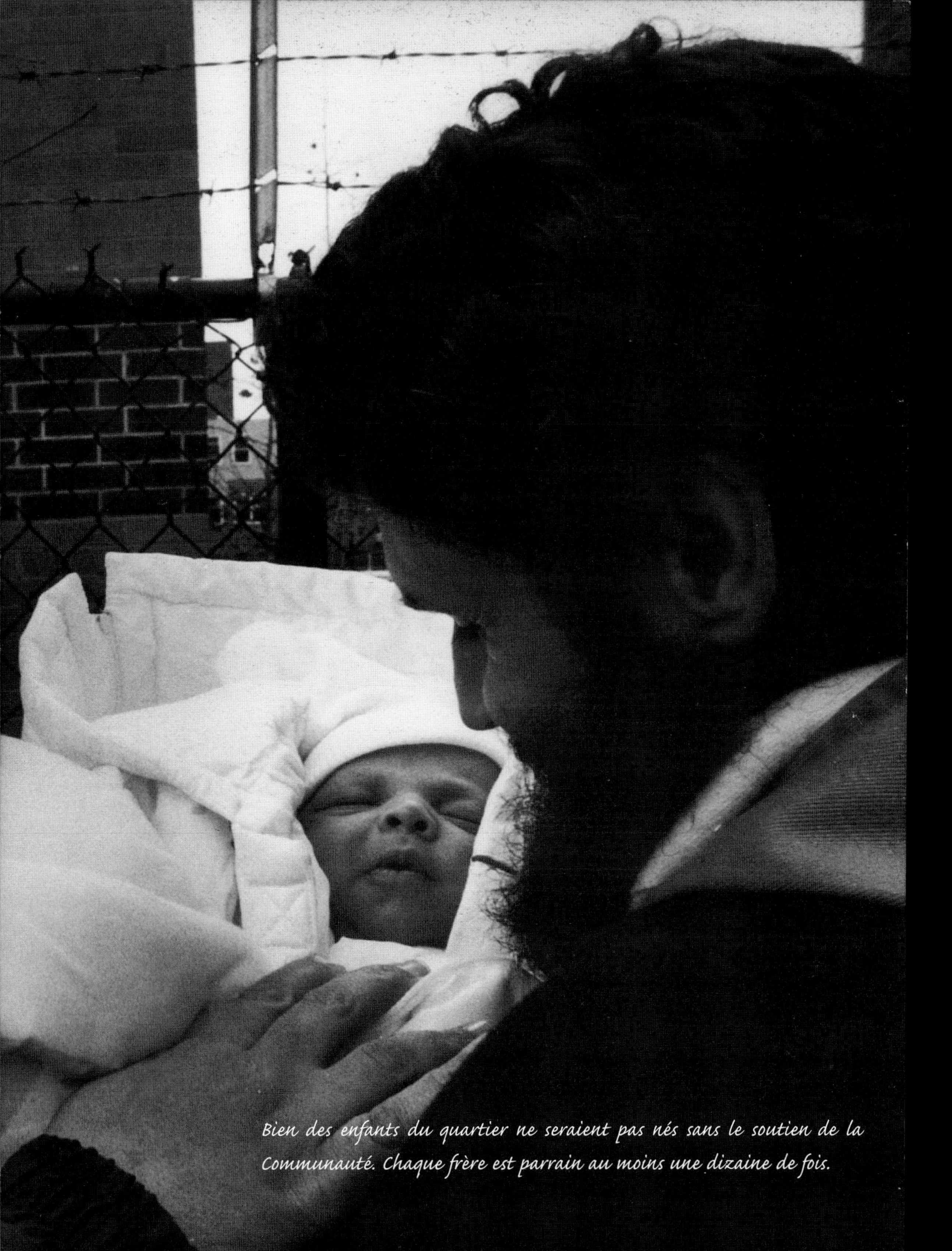

Bien des enfants du quartier ne seraient pas nés sans le soutien de la Communauté. Chaque frère est parrain au moins une dizaine de fois.

Dix heures du matin. Neuf frères du noviciat Saint-Joseph se présentent devant l'Eastern Woman Center, au niveau de Park Avenue, dans le sud de Manhattan. L'un d'eux porte un crucifix comme s'il menait une procession, d'autres arborent des affiches de Notre-Dame de Guadalupe [1], d'autres des pancartes : « Ne les tuez pas. » L'Eastern Woman Center est l'une des cliniques d'avortements les plus réputées des États-Unis – plus de 20 000 avortements par an. L'« opération » y coûte 275 dollars et dure quelques minutes.

Une femme policier noire monte la garde devant l'entrée. Elle ne paraît nullement surprise par la manifestation silencieuse de ces barbus à sandales [2]. Le représentant de l'ordre leur rappelle seulement les limites à ne pas enfreindre : un périmètre de trois mètres autour de l'entrée de la clinique. Celle-ci jouxte un magasin de tapis. Son négociant proteste auprès du policier, prétextant que les frères font fuir le client. La femme *cop* écoute poliment et ne bronche pas. Deux jolies blondes moulées dans des jeans photographient les religieux au téléobjectif : les *pro choice* constituent un fichier des manifestants *pro life*.

En une heure, une trentaine de femmes et de jeunes filles – noires ou hispaniques pour la plupart – poussent la porte de l'Eastern Woman Center. Cinq frères récitent le chapelet devant le porche. Trois ou quatre d'entre eux « font le trottoir » : ils repèrent en amont, dans la rue, les femmes qui se rendent à la clinique. Ils leur emboîtent le pas et essaient d'entamer le dialogue. Pour les dissuader, ces négociateurs du *sidewalk counselling* (le conseil

---

1. Les Franciscains du Renouveau portent une dévotion particulière à Notre-Dame de Guadalupe. La Vierge apparut sous ce vocable en 1531, au Mexique, à un Indien nommé Juan Diego. Seule apparition où elle se montre enceinte, Notre-Dame de Guadalupe est très vénérée par les catholiques *pro life*.

2. Les manifestations des franciscains sont pacifiques et non violentes. Encouragées par une large partie de la population, elles sont autorisées par la Constitution dans un pays libéral où l'avortement reste l'objet de vifs débats et où l'objection de conscience n'est pas un délit.

du trottoir) ne disposent que de quelques secondes et quelques mots. Instants fatidiques où un destin peut basculer.

Au coin de Park Avenue, frère François-Marie accoste une passante : « Bonjour, je suis franciscain, je m'appelle François. Je suis là pour proposer une aide gratuite aux femmes qui désirent garder leur enfant. Cela peut-il vous intéresser ? » D'autres frères sont plus directs : « Ne supprimez pas ce petit, nous pouvons vous aider ; c'est totalement gratuit, nous vous aiderons mais ne le tuez pas ! Jésus vous aime, quoique vous fassiez ! »

Au même moment, des communautés contemplatives prient Dieu de donner force et lumière à ces femmes en détresse, et d'inspirer les mots justes à leur ange gardien d'un instant.

Une femme sur trois repousse le dialogue de façon agressive. Une sur trois accepte la discussion. Certaines demeurent indécises, écoutent le frère en tenant la porte ouverte, jusqu'à ce que leur conjoint les pousse à l'intérieur. Elles lâchent alors d'un ton las : « De toute façon, je n'ai pas le choix... » L'immense majorité d'entre elles déclarent vivre l'avortement comme une souffrance traumatisante.

Des renforts de police – deux voitures de patrouille et deux policiers en VTT, en short noir moulant, casque profilé et lunettes en yeux d'abeilles – débarquent devant l'Eastern Woman Center. Jugeant que les frères dépassent trop souvent la *deadline* imposée par la loi, ils installent des barrières de bois bleues pour juguler la vague grise. Il est midi, l'heure de l'angélus. Les religieux plient bagages. La manifestation a duré deux heures. Ils reviendront la semaine prochaine.

Les Franciscains du Renouveau versent un dixième de leur budget à deux cents mamans pour les aider à garder leur enfant, et à l'élever dignement.

Comment frère Conrad tâte de la prison
parce que la Charité est sœur de la Vérité

Tous les samedis, des frères et sœurs de la communauté se mêlent aux militants *pro life* devant des cliniques de New York. Ces petits groupes de cinq à vingt personnes mêlent des évêques en clergyman, des manutentionnaires portoricains, des vendeurs de pizzas haïtiens, des mères de familles, etc.

« En un an, dans le seul État de New York, ces *side walk* ont permis de sauver 400 enfants, dit frère Conrad. Le Planned Parenthood (planning familial américain) estime que 20 % des avortements sont annulés lorqu'un sit-in *pro life* se tient devant une clinique. »

Frère Conrad est un quadragénaire mince au visage émacié et au regard très bleu. Sa barbe est aussi fournie que son crâne est lisse. Ce franciscain a rallié la nouvelle communauté en 1995. Il dirige actuellement le noviciat avec frère Glenn. Comme François d'Assise dans les geôles de Pérouse, cet objecteur de conscience a expérimenté la pauvreté en prison. « Tu abandonnes alors toutes tes sécurités, explique-t-il. Tu es seul car tu t'es opposé aux lois du monde. Tu n'as plus une pierre où poser ta tête, comme ton Seigneur, le Fils de l'Homme. Beaucoup de mes frères en religion m'ont abandonné à cause de mon engagement en faveur de la vie. Ce dénuement m'a préparé à la pauvreté totale. »

Ancien assistant du recteur de l'université de Steubenville, près de Pittsburgh, dans l'Ohio, Conrad était intrigué par le nombre croissant de ses étudiants qui passaient leur samedi à prier et témoigner devant des centres d'avortement de la ville. Il désapprouvait ces manifestations publiques mais ne pouvait s'empêcher d'admirer le courage de ces jeunes. Responsable de la discipline, Conrad était en première ligne : c'est lui que les policiers appelaient quand ils coffraient un de ces rebelles. Ceux-ci étaient de plus en plus nombreux à achever leur fin de semaine au poste de police. Il revenait à Conrad de prévenir les parents.

— Mais qu'est-ce qui leur passe par la tête ? C'est une véritable épidémie ! protestaient ceux-ci.

— Je vais enquêter, promit frère Conrad.

Il se mêla à plusieurs sit-in et fut profondément touché par la conviction paisible de ses élèves. « De cœur j'étais avec eux, mais ma tête ne voulait pas », se souvient-il.

Une de ses élèves se livre un jour à un stratagème : elle se fait passer pour une femme enceinte en apportant au laboratoire une éprouvette d'urine empruntée à une vraie parturiente.

— Vous le gardez ou non ? demande le médecin.

— Je ne sais pas encore... C'est un enfant ? interroge la jeune fille.

— Juste un amas de cellules... Il faut plusieurs mois avant que cela prenne forme humaine. Et encore faut-il que vous le désiriez pour qu'il devienne homme.

Le mensonge du praticien révolte cette jeune étudiante en médecine. Il bouleverse Conrad : « Si l'embryon est humain dès la fécondation de l'œuf, ne faut-il pas tout mettre en œuvre, dans le respect de la loi divine, pour le sauver ? »

Une femme de vingt-huit ans lui confie sur ces entrefaites : « J'ai subi deux avortements à l'âge de seize ans. Je porterai ce remords jusqu'à ma mort. J'ai entendu murmurer en moi : "Tu vas voir, tu seras libérée." C'est précisément le message que je souhaitais entendre à ce moment-là. Mais quand j'ai quitté la salle d'opération, la voix m'a dit : "Tu a tué ton bébé, c'est trop tard." Tous les péchés sont de fausses promesses de libération qui vous emprisonnent après vous avoir séduit. »

Le lendemain de la Toussaint 1988, Conrad se laisse arrêter lors de l'occupation d'une salle d'opération. Il est relâché après une nuit au commissariat :

— Ne vous mêlez plus de ça, mon père, lui dit un policier.

— À bientôt, mon fils, répond-il.

Il est arrêté une seconde fois, peu de temps après, avec quatre-vingts jeunes. Ils partagent une aile entière de la prison de Pittsburgh durant une semaine. Lorsque les parents des étudiants internés cherchent à joindre l'assistant du recteur, le standard de l'université répond : « Il est en prison. » Son inculpation fait scandale. On accuse le père Conrad de mener la rébellion. « J'étais troublé. Ces rumeurs m'inquiétaient beaucoup. J'ai ouvert ma Bible et j'ai lu : "Que cela soit dit à une génération à venir [...] : le Seigneur entend le cri des prisonniers pour libérer ceux qui étaient voués à la mort et se préparer pour Lui-même une génération qui louera son nom." J'ai compris que j'étais plus soucieux des pensées des hommes que des pensées de Dieu. Je me suis soudain senti libre du jugement des autres, libre sous le regard de Dieu. »

Après plusieurs mois en prison, Conrad est muté dans la paroisse catholique d'un petit village de Pennsylvanie. Cela ne calme pas ses ardeurs et n'étouffe pas ses convictions : « Je comprenais de mieux en mieux que l'avortement n'était pas d'abord une bagarre politicienne, mais un combat spirituel. Satan est rusé : il attaque Dieu à travers sa créature, par ricochet. Il touche Dieu dans ses entrailles de Père, en détruisant l'enfant créé à Son image quand il est le plus vulnérable, le plus innocent aussi, le plus faible. Avec, apparemment, les raisons les plus généreuses et les plus altruistes. L'avortement est une parodie grimaçante de la charité. L'un des noms de Dieu, utilisé plusieurs centaines de fois dans la Bible, signifie en hébreu : les "entrailles d'une mère". Dieu nous porte en Lui comme une mère ; c'est Lui que l'Adversaire veut blesser en détruisant son enfant. »

De plus en plus, le prêtre découvre, grâce aux confidences reçues, l'ampleur des ravages provoqués par l'avortement au niveau psychologique et spirituel : culpabilité, perte de l'estime de soi, troubles de l'appétit, insomnies, cauchemars, dépression...

Frère Junipere en prière devant une clinique de Manhattan où se pratiquent des avortements. « On ne peut prétendre aimer les plus pauvres sans prendre le parti des plus petits et des plus vulnérables », soutiennent les frères.

Lésions profondes et invisibles, masquées par la honte, vécues le plus souvent dans la solitude et la culpabilité.

Le vicaire Conrad est de nouveau emprisonné après l'occupation de la salle d'attente d'une clinique d'Allantown. Il refuse les trois conditions libératoires : la promesse écrite de renoncer à toute action future similaire ; le règlement d'une amende de 800 dollars ; la rencontre hebdomadaire avec un agent de probation. Le juge vitupère. Conrad est incarcéré dans un quartier de haute sécurité de la prison d'Allantown durant dix mois. Il écrit aux siens pour expliquer son geste. Sa lettre est publiée dans le bulletin paroissial.

Un mois plus tard, Conrad reçoit cette missive :

« Père, je viens de m'installer dans ce village de ... et je me rendais à l'église pour la première fois lorsque je suis tombée en arrêt devant votre témoignage. Quand je l'ai lu, j'ai su que vous pourriez me comprendre. J'écris sous un pseudonyme. Il y a huit ans, mon mari et moi nous sommes rendus à la clinique. Nous étions fiancés et nous attendions un enfant. Je me suis dit : “Mes parents ne comprendront jamais car nous ne sommes pas mariés.” J'ai avorté. Je sais maintenant que je n'ai pas donné à cet enfant la chance de vivre. La culpabilité ne m'a jamais quittée. Nous nous sommes épousés et avons attendu un second enfant. J'espérais qu'il me consolerait du premier car je ne connaissais pas, depuis cet avortement, un seul instant de paix. J'y pensais chaque jour. À partir de cette naissance, la situation fut pire encore. Je ne pouvais m'empêcher de penser, en portant ce petit dans mes bras : “Quel couleur de cheveux avait le premier ? Ressemblait-il à son frère ?” Nous étions incapables d'en parler avec mon mari... Jusqu'à ce jour récent où nous avons ouvert le bulletin paroissial et lu votre lettre. Nous nous sommes effondrés dans les bras l'un de l'autre. Père, est-il possible d'oublier ? »

« Il n'y a pas de paix absolue en cette vie, répond le père Conrad à la jeune femme. Vous connaîtrez encore la tristesse. Mais seule la vérité peut libérer votre cœur, alors que la dissimulation accentue l'emprisonnement intérieur et le remords. Trouvez un prêtre à qui vous pouvez confesser ce péché. Sachez que, même si vous ne sentez pas une libération psychologique, le pardon du prêtre sera le pardon même de Dieu, et le pardon de votre enfant. Celui-ci est votre avocat auprès du Seigneur. Retrouver l'équilibre affectif prendra plus de temps ; il vous faudra peut-être un accompagnement psychologique. Mais ne désespérez jamais du pardon de Dieu ! »

Pour toutes ces femmes blessées, le père Conrad célébrait en cachette, dans sa cellule de prison, le sacrifice réparateur de la messe, grâce à du pain et du vin offerts par des prisonniers complices.

Terry s'entraîne à la corde devant Saint-Crispin. Ce mécanicien-barman était plus porté sur la Heineken que sur l'eau bénite. Le Seigneur l'a rattrapé après une longue traversée du désert.

Où frère Terry, ancien barman, *raconte sa conversion en cuisinant le « splash »*

Genièvre, l'un des premiers disciples de François d'Assise, avait inventé une recette de cuisine originale, que frère Terry reprend, quelques siècles plus tard : il ramasse tous les restes comestibles dans le frigidaire, les déverse dans une bassine et réchauffe le tout en remuant. Terry baptise ce mélange détonnant le « splash » : un « rata » particulièrement apprécié de ses frères les vendredis de Carême et les jours de pénitence.

– Nous recevons beaucoup de dons, explique Terry. Les gens sont très généreux. Nous n'achetons quasiment rien. Nous consommons ce qu'on nous donne, et quand on ne nous donne pas... nous ne mangeons pas. Quatre fois par an, nous effectuons un *poverty check*, un examen de pauvreté. Nous donnons le superflu accumulé.

En préparant le splash, ce vendredi soir, dans la cuisine de Saint-Crispin, Terry m'explique pourquoi il défend la vie avec autant d'acharnement :

— J'ai failli mourir de l'avortement... oh, pas comme tu le crois !

Sa famille, originaire de Baltimore, s'installe à Portland, dans le Maine, alors qu'il est petit. Troisième enfant d'une famille qui en compte quatre, Terry, fort en gueule, débrouillard, se tire toujours avec succès des pétrins dans lesquels il s'est fourré. Il néglige l'école pour mener joyeuse vie à la tête d'une bande de copains. Doué pour la mécanique, il propose ses services dans les garages de la ville en poursuivant mollement ses études. À dix-huit ans, il devient barman, ce qui n'étanche pas sa soif. Les fins de semaines, il enfourche sa BMW 1 000 cc et part en virées – bien arrosées. Malgré les fêtes et les amis, il s'enfonce lentement dans la déprime.

Un soir de grand vide, Terry décide de découvrir de nouveaux horizons pour chasser son mal de vivre. Il charge sa moto, embrasse les siens, et prend la route de l'Ouest. Il pousse jusqu'à Las Vegas, la capitale du jeu, où il trouve un emploi de barman. Il claque son salaire et ses pourboires dans les salles de jeu, en écoutant de la country et en fumant du *pot* (haschich). Une seule chose le retient à Dieu, dans cette vie faussement gaie : la promesse donnée à son père d'assister à la messe chaque dimanche.

Dans la salle à manger du couvent Saint-Crispin, Terry sert le splash. Ses frères ne prêtent pas attention au breuvage orange, au goût indéfinissable, à la surface duquel flottent des morceaux de matière non identifiée. Ils écoutent le conteur.

« Un jour de congé, je rentre d'une escapade à moto autour du lac Toho, à l'est de Las Vegas, poursuit Terry. Le soleil commence à décliner en cette fin d'après-midi. La montagne est ocre. Je fonce, ivre de vitesse, et j'entame l'immense descente qui rejoint la plaine...

Juste après avoir doublé un bus, j'aperçois une station-service située sur le flanc droit de la route. Une voiture, à cent mètres, quitte la station. Elle s'apprête à faire demi-tour pour prendre la route du lac. Le chauffeur a le soleil dans l'œil, il ne m'a pas vu. Dans quelques secondes, il me barrera la route, exactement au moment où je serai à son niveau. Boum !

La voiture s'ébranle – instinctivement je commence à me mettre en boule, à me préparer au choc –, quand, soudain, elle s'arrête au milieu de la chaussée. Le type a dû apercevoir mon phare. Je croise son regard, saisi de stupeur. Il y a seulement un mètre entre l'avant de la bagnole et le fossé : un tout petit passage pour mon bolide lancé à cent quarante kilomètres à l'heure. Juste le temps de modifier la trajectoire d'un poil ! Je vise l'avant, je frôle le pare-chocs de mon *flat-twin*, rien n'accroche, ça passe... Un miracle !

Je suis vivant, je n'en reviens pas. Le choc aurait dû se produire ; or il n'a pas eu lieu. C'est incroyable ! Vivant... J'arrête la bécane sur le bas-côté, je retire mon casque en tremblant. Je m'agenouille pour baiser le sol, embrasser la vie, ce sursis qui m'est accordé, et je me dis : "Si tu es encore vivant à l'heure qu'il est, c'est un cadeau !" Alors je me tourne vers le ciel et je lance à Dieu : "Je t'en dois une !"

C'est une expression de bistrot, quand on s'offre des tournées jusqu'à l'aube. Mais ce n'est pas une tournée que Dieu m'offre là, c'est la vie. Je lui dois une vie. J'ajoute en mon for intérieur, je ne sais pourquoi : "... et je te l'offrirai bientôt."

Après huit mois à Las Vegas, je vends la moto – je me suis fait trop peur – et j'achète une vieille voiture. Puis je continue le voyage. Je pars sans regret et sans but. J'erre, vivant de petits jobs par-ci par-là. J'ai même dû enterrer ma mère une douzaine de fois – qu'elle me pardonne ! – pour émouvoir les gens et décrocher un boulot.

Je suis vidé, épuisé comme un *winter bird*, ces oiseaux migrateurs qui se trompent de direction et s'effondrent après des milliers de kilomètres. Je me suis tellement défoncé au *pot* et à l'alcool que je vis dans un autre monde, déconnecté du réel. Plus rien ne m'atteint vraiment.

Jusqu'au jour où j'aborde un désert, une immense étendue minérale. Je commence à la traverser, seul dans ma guimbarde, sous un soleil de plomb, quand je crois entendre une voix qui me dit : "Laisse-toi crever, personne ne t'attend. Cette vie n'a aucune importance. Tu ne comptes pour personne..." Me voilà arrivé au bout de mon voyage de nulle part. Au bout, tout au bout... Il me reste à appuyer sur l'accélérateur en lâchant le volant et en fermant les yeux. Personne ne me regrettera...

À cet instant, une image surgit en moi. Une image très douce : celle de Missy, ma petite sœur, âgée de trois ans. Je l'adore. Voilà des mois que je ne l'ai pas vue. Elle me manque...

Dans mon désespoir je m'accroche au souvenir de Missy. Je me dis : "Elle a besoin de toi, Terry. Elle a besoin de son grand frère. Tu n'as pas le droit de la laisser tomber. Elle t'aime, elle t'attend. Rentre à la maison !" Deux voix parlent en moi : celle de la mort, celle de la vie. Je demande à Dieu : "Ramène-moi à la maison, ramène-moi vers Missy. Et je t'en devrai une autre, oh Lord !"

Je suis rentré comme l'enfant prodigue de l'Évangile, épuisé, fourbu, sans un rond. J'ai embrassé les miens. J'ai serré contre moi la petite sœur qui m'avait ramené à la vie.

Pendant ce temps-là, mes amis sont passés du joint à la coke. Certains sont morts d'overdose ; d'autres agonisent dans l'alcool. Je constate les ravages de mon ancien genre de vie. L'"oiseau de l'hiver" entame un autre voyage, intérieur celui-là. Je deviens un chercheur de Dieu et non plus un chercheur de moi-même.

Je n'ai pas oublié ma promesse.

Je vais peu de temps après mon retour me confesser, dans un couvent franciscain, non loin de la maison, à Kennie Bunk Port. Je pleure en lisant le psaume 9 :

Pitié pour moi, Yahvé vois mon malheur,
Tu me fais remonter des portes de la mort ;
Que je publie toute ta louange (...).
Tu as vu, toi, la peine et les pleurs,
Tu me regardes pour les prendre en ta main :
À toi le misérable s'abandonne,
L'orphelin, toi, tu le secours.

François d'Assise me semble très proche : il aimait les fêtes, le vin, les cavalcades, mais les biens du monde ne le comblaient pas... Quatre ans plus tard, j'entre chez les franciscains.

Si je suis aussi acharné contre l'avortement aujourd'hui, c'est que je dois la vie à Missy. Or ma mère l'a attendue à l'âge de quarante-cinq ans. Tout le monde la regardait comme une folle, une malade, une anormale. Au supermarché, nous entendions ces réflexions sur son passage : "L'avortement est légal, vous savez ?" ou bien : "Alors, on n'a pas la télé à la maison ?" Si ma mère avait avorté,

Terry avec une voisine de quartier. Elle témoigne : « Les frères se soucient de notre dignité, alors qu'ailleurs on ne pense qu'à notre santé. »

Missy ne serait pas née. Je ne me serais pas raccroché à son souvenir, à son sourire, à son amour. Je me serais laissé mourir dans le désert... L'avortement aurait fait deux morts : elle et moi. Et, mes frères, vous n'auriez pas dégusté le super splash de ce soir ! »

Où l'on fait connaissance
avec les étranges passagers du bus n° 8931

IL EST 18 H 30 à l'horloge de Grand Central. Les cadres de Manhattan rejoignent en pressant le pas les trains qui les emportent vers les banlieues aérées de Larchmont, Mamaroneck ou New Rochelle. D'autres hommes les regardent courir. Ils s'assemblent sans se presser sur le trottoir de la paroisse Sainte-Agnès. Leurs silhouettes lasses se découpent en ombres chinoises à travers les geysers de vapeur qui jaillissent des bouches d'égout.

Les locaux de Sainte-Agnès accueillent l'organisation GCN (Grand Central Neighbourhood Social Service Assessment), le plus grand *drop-in* de New York City. Chaque jour, les permanents de GCN répartissent une centaine de *homeless*, après un premier bilan de santé, une évaluation psychique, un debriefing social, entre une vingtaine de *shelters* administrés, pour la plupart, par des Églises chrétiennes et des synagogues. Des bus font la navette, matin et soir, entre Sainte-Agnès et ces différents lieux d'accueil.

Chaque soir, dix-huit *homeless* embarquent à bord du bus scolaire jaune n° 8931 à destination du *shelter* Padre Pio, dans le South Bronx. GCN confie aux franciscains les cas délicats, les hommes les plus fragilisés.

On pourrait croire à un départ en vacances. La brise pénètre par les fenêtres du bus et rafraîchit les visages. Les dix-huit passagers s'éparpillent sur les étroites banquettes de skaï noir. Plusieurs portent un walkman sur les oreilles. Certains échangent des blagues et des commentaires sur l'esthétique des passantes que les embouteillages de la 10e Avenue autorisent à déshabiller du regard. Le bus traverse le décor fantasmagorique de Times Square, ses publicités en relief et ses murs de lumière.

Dans le bus qui, chaque soir, amène une vingtaine de homeless de Grand Central, au cœur de Manhattan, jusqu'au foyer Padre Pio, tenu par les Franciscains.

Le véhicule remonte vers Harlem. Trois hommes blancs seulement à bord : Clarence, installé au milieu, contre une fenêtre ; John, petit homme malingre, qui s'isole au fond ; Igor, qui aime s'asseoir juste derrière le chauffeur. Ce juif russe est un gros garçon pacifique, flegmatique par nécessité, tranquille par philosophie. Son intelligence vive ignore l'obésité de son corps. Igor ressemble à un hibou placide. Il observe le monde avec une distance compatissante, une compréhension douce, des grands yeux faussement naïfs, agrandis par des verres de lunettes larges et épais qu'il remonte d'un geste mécanique. Igor parle anglais avec l'accent russe, en roulant les *r*. Il paraît s'habiller au hasard – il porte aujourd'hui un collant vert qui moule étroitement ses rondeurs imposantes, une chemisette beige à carreaux, des chaussettes orange, de vieilles Church noires transformées en savates. À la main, un cartable rafistolé avec du scotch marron et un sac plastique dans lesquels il transporte son courrier et les journaux glanés dans les poubelles. Igor analyse la situation du monde dans le détail.

Cet original lunaire, avec sa verrue sur le bout du nez, pouvait-il s'intégrer dans le circuit normal d'un homme civilisé ? Les organisations juives ont abandonné l'encombrant émigré russe à son sort. Quand Igor a été licencié de son emploi de vigile en juillet 1996, il s'est retrouvé à la rue, seul. Il a fini, en bout de course, par échouer dans les bras de sainte Agnès.

« Je ne suis pas seulement un *homeless*, je suis un *under-class* (sous-classe), dit-il posément en décrivant son cas avec une précision clinique, alors que le bus s'ébranle en grondant. Je n'ai plus d'identité sociale. Je vis courbé sous le poids de la fatalité. J'envoie des CV, on me promet une réponse... Rien n'arrive jamais. On me balade d'un *shelter* à un autre. On me conseille : "Tu n'as qu'à faire telle formation ; il faut que tu essaies tel métier..." Je n'ai plus l'espoir de sortir de l'*under-class*. Je vais seulement essayer de rester droit, digne. Et de ne pas sombrer. Chaque jour, je trouve un petit job. Aujourd'hui, j'ai ramassé les feuilles dans Central Park. » Qui écoute la complainte de Igor, le Juif errant ? Seul le vent dans les allées jaunies, et les frères de Padre Pio. « *Blowin' in the wind...* »

Doc John, assis dans le fond du bus, est un petit homme maigre et nerveux, âgé d'une soixantaine d'années. Physiquement, tout le contraire de Igor : une tête de savant fou, aux joues creusées, mal rasées, et des lunettes aux verres très épais. John se mordille les lèvres en permanence. Ses traits sont marqués de rides profondes, ses mains demeurent fines et blanches. Doc John est médecin, d'origine argentine. Une crise de schizophrénie l'a expédié en hôpital psychiatrique il y a une quinzaine d'années. Lorsqu'il en est sorti, quelques mois plus tard, il avait tout perdu, sauf la tête : ses enfants étaient partis avec leur mère, sa maison vendue... Depuis, cet original marginal vit dans la rue.

Le bus remonte *the great white way* de Broadway, la grande voie blanche, l'ancien chemin indien devenu la seule avenue qui échappe au quadrillage rigoureux de la Ville. Il longe un théâtre qui affiche *les Misérables*. John se met à fredonner des bribes de *la Marseillaise*, l'hymne national français. Je chante avec lui le premier couplet. J'ignore les suivants. Il poursuit seul. Je l'accompagne d'un « mmmm » gêné.

Doc John, comme de nombreux *homeless*, est très cultivé, disert sur de nombreux sujets historiques et scientifiques. Il entretient quotidiennement ses connaissances dans les bibliothèques de la ville. Je l'ai écouté un soir, dans le salon du *shelter* Padre Pio, imaginer à haute voix comment la Révolution française aurait évolué si le roi Louis XVI n'avait pas été reconnu à Varennes. Son interlocuteur, Lawrence, un jeune *homeless* noir de vingt-trois ans, semblait lui aussi connaître cette période de l'histoire de France sur le bout des doigts. Il émaillait le résumé historique de Doc de commentaires brefs, avisés, et d'exclamations : « *Big mistake !* », « grosse erreur ». Devant ces deux hommes qui évoquaient si savamment l'histoire de mon pays – le jeune et le vieux, le Blanc et le Noir, tous deux exclus d'un monde dont ils ne partageaient plus la vie sociale –, je me suis senti petit.

Clarence, le troisième Blanc du voyage, est sérieux comme un cadre. Ses sourcils fournis tracent une barre sévère au-dessus d'un regard grave. Toujours impeccablement habillé – chemise repassée, cravate, chaussures cirées –, il arbore un téléphone portable à la ceinture. Seuls quelques détails – une tache par-ci, un ourlet décousu par-là – fissurent cette image respectable du chef de chantier qu'il était encore il y a dix mois.

Sa femme lui a claqué la porte au nez. Elle ne supportait plus son autoritarisme. Clarence s'est consolé au whisky. Cet homme intraitable n'avait pas que des amis dans le milieu professionnel. Après une gueule de bois particulièrement sévère, une faute professionnelle servit de prétexte à un licenciement expéditif. En quinze jours, Clarence se retrouva à la rue. Ses deux belles-filles veillèrent à ne pas laisser ce caractériel s'installer dans leurs pénates. Ses quelques amis disparurent comme par enchantement. Un soir, le seigneur du béton armé, qui avait une maison cossue dans le New Jersey, frappa à la porte d'un *shelter* dans le Bronx...

« Quand Clarence est arrivé ici, il ne cessait de répéter : "Pas de problème, je contrôle, je contrôle !" se souvient frère Denis-Antoine qui l'a accueilli. Au fil des mois, en expérimentant l'itinérance et l'humiliation des *homeless*, en voyant les portes professionnelles se fermer les unes après les autres, il a changé. Il a peu à peu réalisé qu'il avait misé sa vie sur des valeurs fragiles – l'argent, le pouvoir, la considération sociale... Ces apparences évanouies, que lui restait-il ? Il ne contrôlait plus sa vie. Il a dû apprendre à faire confiance. Je sais qu'il a des chances de s'en sortir depuis que je l'ai entendu dire un jour : "C'est Dieu qui a le contrôle ! Il faut laisser Dieu être le boss dans la vie !"

J'ai reçu de ces hommes d'admirables leçons de foi, ajoute frère Denis-Antoine. Ils ont fait l'expérience de la faiblesse et de la fragilité. Beaucoup s'appuient sur Dieu pour remonter la pente, avec une confiance d'enfant. Ils illustrent cette "petite voie" spirituelle de l'abandon total, si bien explorée par Thérèse de Lisieux. »

Anthony, un jeune Noir d'une trentaine d'années, hume, debout à la fenêtre du car, l'air tiède de cette fin de journée. Le soleil bascule au-dessus de l'Hudson, et le frappe de plein fouet dans l'alignement de deux blocs. Il ferme les yeux, jouit de la brève caresse. Sa femme est en train de mourir du sida ; son frère aussi. Lui-même porte le virus.

Le bus se lance à l'assaut de l'Upper Manhattan par l'Amsterdam Avenue. Il longe l'étonnante cathédrale épiscopalienne Saint John la Divine qui, conçue romane, se poursuivit gothique et n'est toujours pas achevée. Peu après être passé en trombe devant l'Apollo Theatre où jouèrent tous les grands du jazz, le bus traverse Harlem par la Martin Luther King Avenue, et met le cap sur le Bronx. Dans une encoignure de porte, sur la 125e, trois hommes s'échangent une marchandise invisible.

Jeremie, un Noir immense, rigole en apercevant le dealer et ses clients. « J'ai été envoyé en Thaïlande, pour arrêter le trafic de drogue aux États-Unis, et regarde le résultat ! Néant, mec ! » Jeremie est un colosse de trente-deux ans, que son troisième divorce a ruiné et jeté provisoirement à la rue. Engagé dans les marines à dix-sept ans, comme son père qu'il a perdu enfant, ce mécanicien de jet a été recruté comme tireur d'élite, puis envoyé en Thaïlande « nettoyer » le triangle d'or lorsque la CIA décida de frapper certains producteurs d'opium dans leurs repaires.

« Il y a deux choses que tu n'oublies pas dans la guerre, dit l'ancien sniper, c'est le premier homme que tu tues, et le dernier. » Le dernier ? Un homme, croisé dans un bar peu après son retour au pays, qui lui lançait une réflexion désobligeante. Couvert du sang de cet inconnu qui gisait à ses pieds comme un pantin désarticulé, Jeremie s'était regardé avec horreur, réalisant que ses réflexes avaient été conditionnés pour tuer sans réfléchir. Il n'était plus qu'un fauve en liberté. Après trois mois de « déprogrammation » dans un hôpital psychiatrique militaire, il fut renvoyé à la vie civile. Sa vie avait été ensuite une alternance de périodes fastes – il était

Chaque matin, à l'aube, le bus récupère les hôtes du foyer Padre Pio et les conduit dans le Midtown. Un frère leur souhaite une bonne journée après avoir prié avec eux.

programmeur en informatique – et de dépression, où l'emportait la cocaïne.

Ce soir, Jeremie déclare avoir le moral. Il est très amoureux d'une jeune mère célibataire de trois enfants qu'il convoite comme quatrième femme. Il espère plusieurs rendez-vous professionnels. À l'entendre, il ne devrait pas rester longtemps à la rue.

Le soleil a disparu derrière la herse des buildings. Sur les trottoirs, le long des grillages qui protègent les jardins privatifs, devant les épiceries aux devantures jaune et rouge, des hommes jouent aux cartes et aux dominos sur des tables de fortune en buvant de la bière. Le camion de glace égrène son carillon électronique sur l'air du film *l'Arnaque*. Des enfants se lancent un ballon de basket au milieu de la rue. Leurs mères, noires ou latinos, papotent, assises sur les marches des escaliers d'immeubles.

Le bus stoppe devant une porte grillagée sur la 155e Rue, de l'autre côté de la fraternité Saint-Crispin. Il est 19 h 15. Une courte sente pentue conduit au *shelter*, en sous-sol. Un franciscain tient la porte ouverte et serre la main de chacun des dix-huit hôtes. Ils ont le sac sur l'épaule et la démarche hésitante des marins débarqués après une longue traversée.

Où des homeless *passent des bras de sainte Agnès dans ceux du Padre Pio*

Les homeless de New York ont élu le *shelter* Padre Pio comme le plus confortable de la ville. Il offre un dortoir paisible, un salon spacieux avec un piano, une cuisine et une salle à manger, des douches, une salle de télévision, un oratoire.

« Il offre surtout un melting-pot incroyable de personnalités et d'histoires, de drames, de naufrages, et parfois de rédemptions bouleversantes, dit frère Denis-Antoine. Chacun de nous trouve son jumeau dans cette communauté hétéroclite et se dit un jour : "J'aurais pu être cet homme." Car à quoi tient un destin ?

Pour la majorité de ces exclus, le facteur déclenchant de la chute est un drame familial, une rupture conjugale, un deuil bouleversant..., poursuit-il. La drogue et l'alcool viennent compliquer la situation et accélèrent le processus de rupture. Mais certains vivent, tout au fond de leur galère, une étonnante conversion. »

Il désigne d'un geste discret un Noir immense, très digne, un collier de barbe blanche, un chapelet bleu autour du cou, assis dans la salle à manger. « Il se nomme Ted S. Ce businessman prospère a ruiné sa famille à cause de la cocaïne, confie le frère. Sa femme l'a chassé. Il s'est retrouvé à errer dans les rues durant des mois. Il a vécu une conversion radicale en participant aux assemblées du pasteur Wilkerson, et veut devenir pasteur à son tour. Nous aurions été incapable d'imaginer un tel renversement lorsque cet homme loqueteux, au bout du rouleau, a frappé à la porte du *shelter*. »

À côté de Ted S. mange Jim, un jeune Noir prématurément vieilli, surnommé « DJ ». Cet ancien disc-jokey, né avec un tam-tam dans le crâne, régna durant des années sur les plus folles *rave parties* de New York. Le vrai trip de Jim n'était pas la cocaïne mais la puissance

« Les pauvres, ça n'est qu'une part de la pizza de notre vie ! prévient Stan. Les autres tranches sont la prière, l'amour de l'Église et de son mystère. On ne peut les séparer. »

8x18
48157
10007

spirituelle qu'il exerçait durant ces célébrations. Jim le grand-prêtre possédait l'âme collective de cette foule, il la gouvernait par le seul pouvoir de sons subtilement choisis. « Lorsqu'il est arrivé ici, il se prenait pour un prophète, dit Denis-Antoine. Il entendait des voix qui le menaçaient, il ne supportait pas qu'on lui résiste. On a réussi peu à peu à le déconnecter de son monde mégalomaniaque. Il va mieux. Il nous a dit récemment : "J'entends encore des voix, mais, au moins, elles sont amicales". »

Le voisin de Jim est George S., soixante ans, plantureux Noir à la barbiche blanche. Cet ancien pasteur que la bouteille a éloigné de ses ouailles cite la Parole de Dieu à tout propos et annonce la fin du monde. L'urgence du salut tranche avec l'allure débonnaire du prêcheur : George se laisse mener par un abandon à la Providence un peu excessif, de l'avis des franciscains.

Les autres convives, ce soir, sont Robert, soixante-cinq ans, qui souffre du besoin compulsif d'accumuler. Cet homme fin, cultivé, ne se sépare jamais de deux énormes sacs dans lesquels il transporte ses effets personnels et tout ce qu'il glane durant ses errances quotidiennes. Ahmed, trente-deux ans, musulman, passe ses journées à lire dans les bibliothèques de la ville tout comme Luther, champion d'échecs, né avec un baobab dans la main. Ismail, le violoniste virtuose, a fui l'Albanie, son pays, en imaginant un accueil triomphal du public américain. Il ne se remet pas de sa déception et de ses espoirs brisés. Le musicien se mure dans le silence. Ismail est victime de sa propre fraude : ses faux papiers lui interdisent toute inscription dans une école ou un conservatoire.

Bill, un protestant naïf et fervent, ne cesse de rompre et de se réconcilier avec sa femme Maroussia, une russe maniaco-dépressive, elle aussi à la rue. Walter, un Noir chaleureux, handicapé après un terrible accident de voiture, chante des spirituals toute la journée en remerciant l'Esprit de Dieu d'être encore en vie.

Mark, trente-cinq ans, Italien de Brooklyn, petit, sec, aux muscles noueux, tatoués de bas en haut, doit à la drogue et à sa passion des femmes une longue liste de mésaventures. Sa mère l'a abandonné ;

l'héroïne et le sida ont décimé ses amis. Il ne lui restait que son père, sa fille et son chien. Son père vient de mourir d'un cancer ; sa fille, âgée de dix-sept ans, est décédée il y a trois mois dans un accident de voiture ; son chien a disparu. Hier, durant la prière du soir, Mark le dur s'est écroulé en pleurs et George, le pasteur alcoolique, l'a entouré de ses bras.

La population du *shelter* se scinde en deux groupes : les occasionnels – ils passent une nuit ou deux – et les réguliers. Les frères ont inventé ce statut de régulier pour offrir une chance aux *homeless* qui désirent se réinsérer. Ils profitent alors d'un lit réservé, d'un placard où ranger leurs affaires, et d'une adresse, indispensable pour la recherche d'un emploi.

Trois conditions sont fixées pour accéder au statut de régulier : s'engager à suivre en cas de besoin un programme de désintoxication [1] et se faire éventuellement accompagner par un conseiller psychologique de l'Independant Support Center ; placer son *welfare* (pension d'aide sociale) en banque pour faire des économies ; justifier ses achats (le régulier ne doit pas dépenser plus de cinquante dollars par semaine). Si la personne s'absente une nuit du *shelter* sans permission, elle s'en fait exclure pour deux nuits.

« Oui, nous assistons à d'étonnants revirements du destin, explique à son tour frère Harry alors que les hôtes savourent, après dîner, une cigarette dans le jardinet extérieur. Roy, par exemple. C'était un ancien responsable de l'ANC de Nelson Mandela. Recherché par la police sud-africaine, il s'était enfui aux États-Unis. Il n'avait pas trouvé ici le soutien espéré, et s'était marginalisé tout en prenant soin de ne pas se laisser broyer par la rue et ses vices. Un soir qu'il logeait au *shelter*, Roy reçut, à sa grande surprise, un appel téléphonique : c'était un membre du Congrès américain qui

1. Les deux tiers des *homeless* de New-York sont dépendants de la drogue ou de l'alcool – au lieu d'un tiers en 1980.

voulait le rencontrer ! On lui trouva un costume, et Roy se rendit au rendez-vous. L'homme politique lui annonça que Nelson Mandela venait d'arriver au pouvoir en Afrique du Sud et voulait confier à Roy un portefeuille dans son gouvernement. Il avait demandé aux États-Unis de le rechercher. Roy quitta le *shelter*, sous les acclamations de ses pairs de la rue, pour rejoindre sa terre natale et devenir ministre ! »

De la diversité des « associés » *dans la communion des saints et le service des homeless*

Les « associés » ne sont pas une branche américaine de la mafia sicilienne, mais un rameau laïc de la communauté des Franciscains du Renouveau. En dix ans, ils se sont multipliés comme les cinq pains et les deux poissons de l'Évangile : près de deux cent cinquante laïcs se sont greffés sur la communauté. Toutes les couches de la société sont représentées dans cette fraternité où l'on croise des médecins, des plombiers, des policiers, des femmes de ménage, des infirmières... Chaque soir, plusieurs bénévoles se relayent au *shelter* pour assister le frère directeur et le frère de service. Les tâches sont diverses : préparer le dîner, laver les vêtements sales, et surtout assurer le suivi des hôtes.

Ce soir, Tom et Mirta préparent le dîner des *homeless*. Tom est pompier depuis vingt-cinq ans dans une brigade de Manhattan. Il a passé la nuit dernière à combattre le feu dans un *shelter* de Harlem. À l'aube, ses collègues et lui ont retiré huit corps des décombres. « On les entendait crier, mais on ne pouvait pas les atteindre », dit-il en racontant, des larmes dans les yeux, la lutte contre le feu rampant, les escaliers à escalader au milieu de la fumée, les cris, les poutres qui s'effondrent... « Bientôt je quitterai ce métier. Il est fait pour les jeunes. Je me mettrai davantage au service des pauvres. La foi, c'est comme une marmite de soupe. Nous nous contentons du bouillon de surface. Les frères m'ont appris à aller chercher au fond. Là est le meilleur. Cela a changé ma vie, j'en rends grâce à Dieu. »

Il poursuit, en mettant le couvert dans la salle à manger du *shelter* : « En 1983, ma femme et moi étions sur le point de lâcher l'Église. Une mission paroissiale fut annoncée dans notre ville. Elle était animée par des Franciscains du Renouveau. Ce nom ne nous

Frère Junipere et Sammy, un récupérateur de canettes près de la 5e Avenue, à Manhattan, vers minuit.

disait rien. Ma femme se rendit à la première conférence, un soir. C'était le rendez-vous de la dernière chance. De permanence à la caserne, je lui ai téléphoné à son retour à la maison. Elle était tout excitée et m'a dit :

— Tom, Il est vivant, je L'ai enfin rencontré !

— Qui est vivant, ma chérie, de qui parles-tu ?

— Mais Jésus, voyons, Jésus !

Nous avons suivi la mission ensemble. La parole de ces frères nous a embrasés. Nous trouvions enfin un aliment spirituel consistant. Fascinés par leur choix radical, nous nous sommes engagés comme associés. »

Aux côtés de Tom, à la cuisine, une jeune Hispanique, gironde et avenante, Mirta. Si cette jeune fille de vingt-trois ans avait suivi son « destin », elle ferait actuellement le trottoir au lieu de servir la soupe. Mirta a grandi dans le building voisin, sans connaître son père. Ses cinq frères et sœurs sont nés d'un homme différent. Sa mère a déserté la maison. À dix-huit ans, Mirta, adolescente provocante et irresponsable, s'abandonne un soir dans les bras d'un garçon de passage. Neuf mois plus tard naît le petit Joseph. Il lui manque un rein. Réanimé à la naissance, il échappe de peu à la mort. La fragilité de cette vie déposée dans ses bras impressionne la jeune fille. Ignorant tout de la maternité, elle court demander des conseils à ses voisines, les sœurs de Saint-Crispin. Son enfant l'émeut et l'effraie à la fois. De ses propres blessures d'enfance jaillissent des bouffées de violence à son encontre. Elle ne supporte pas ses cris. Dès qu'il pleure, elle le frappe malgré elle.

Sœur Lucille prépare le baptême de l'enfant avec Mirta. Sa soif spirituelle impressionne les religieuses. Un jour, elle demande à faire sa première communion. Sœur Lucille lui répond qu'elle ne peut vivre du Christ tout en prostituant le tabernacle de Dieu qu'est son corps. Mirta met de l'ordre dans sa vie, renvoie son amant. Elle suit deux heures de formation catéchétique par semaine, durant trois mois.

Sa première communion est une fête joyeuse. Depuis, Mirta goûte un sentiment nouveau : la paix. Ses accès de rage s'estompent. Sa propre conversion transforme son fils. Frère Stan lui a offert, grâce à la vente de ses disques, une scolarité à l'école catholique. Joseph, qui ne connaît pas son père de la terre, sait dire aujourd'hui : « Notre Père qui es aux cieux ».

Comment les dindes
volent dans la maison de Dieu
le jour de Thanksgiving

À L'AUBE de Thanksgiving, les frères s'éveillent plus tôt que d'habitude. La nuit est d'un froid acide, bleutée comme une lame. Une queue d'ombres encapuchonnées se forme devant le couvent, dès quatre heures du matin. À la fin de la messe communautaire, dans la chapelle de Saint-Crispin, frère Terry, avec sa tête de Moïse, lance d'un ton lyrique : « Allons porter la dinde de Dieu à notre peuple ! » Les frères et leurs amis bénévoles se pressent en riant vers la grande église du couvent.

Quatre cents dindes – le mets traditionnel de Thanksgiving – sont emballées et alignées sur les bancs du sanctuaire. Les frères se lancent les volatiles, comme des ballons de rugby, pour alimenter la chaîne de la distribution, ouverte sur le trottoir. Le véritable miracle du Thanksgiving Day, selon eux, n'est pas que des dindes volent dans une église – Dieu fit bien voler des cailles dans le désert pour nourrir son peuple – mais que la paix règne dans cette file immense.

Tous les frères sont mobilisés pour cette opération. Plusieurs de leurs associés viennent les épauler. L'un d'eux se prénomme Richard. Un visage de play-boy encadré de boucles grises et une barbe courte à la Spielberg. Il arbore un diamant dans l'oreille gauche, porte un bracelet d'argent au poignet et des bagues aux doigts. Richard travaille dans le fret aérien.

Ce juif de Brooklyn s'est converti au christianisme durant la guerre du Viêt-nam. « J'étais dans l'infanterie dans un camp de Caroline du Sud durant la guerre, raconte-t-il en empaquetant les dindes. J'ai appris que mon régiment devait rejoindre le Viêt-nam pour des missions opérationnelles sur le front. Terrifié, j'ai voulu

Antonio est un Portoricain légèrement handicapé. C'est le sourire du quartier. Ici,
il fait la queue pour recevoir une dinde afin de célébrer le Thanksgiving day.

confier mon angoisse au rabbin de l'armée. Il n'était pas disponible, et m'a conseillé d'aller voir le prêtre catholique. "Peu importe, pourvu que je parle à quelqu'un !" ai-je répondu. J'ai filé chez le curé : c'était un jeune prêtre. Il m'a écouté, pacifié, et promis que tout allait bien se passer.

— Assieds-toi dans la chapelle, et parle-Lui, m'a-t-il dit.

— Parler à qui ?

— Au Christ !

Au point où j'en étais, je pouvais bien essayer de parler au Christ... Je me suis assis dans le sanctuaire, et j'ai aperçu le Crucifié. Ce n'était pas mon Dieu, mais je me suis mis à le supplier comme un enfant. Oh ! ce n'était pas très glorieux, je disais ma trouille, mon angoisse. Je lui demandais de m'épargner : "Le Viêt-nam, si tu veux, Christ, mais pas le front, pas le combat, je sais que je n'en reviendrai pas. J'ai trop peur." Je pleurais, je me tordais les mains... Je Lui ai causé durant une heure, puis je suis sorti de la chapelle.

Le lendemain, nous étions supposés commencer l'entraînement commando à Fort Jackson ; je ne sais pas pourquoi, je suis sorti soudain des rangs et j'ai hurlé : "Vous savez, je suis un champion de la machine à écrire !" Les soldats se sont esclaffés, le lieutenant m'a renvoyé dans l'alignement et nous a mis au garde-à-vous. À ce moment-là, un autre gradé est arrivé en courant. Il a crié :

— Qui est le gars qui vient de déclarer qu'il sait taper à la machine ?

— Moioioioi ! je hurle.

— Et tu peux taper quatre-vingts mots à la minute ?

— Aucun problème, mon lieutenant (c'était archifaux mais j'étais prêt à tous les exploits et à tous les mensonges) !

— Sors du rang et viens avec moi.

Il a échangé quelques mots avec son confrère, à voix basse, et m'a demandé de le suivre. Dans son bureau, il m'a dit : "Tu peux déchirer ta feuille de route pour le Viêt-nam. Tu resteras ici avec moi : j'ai besoin d'un secrétaire." Je n'en croyais pas mes oreilles. Je n'arrivais pas à déchirer le papier tellement je tremblais.

Je suis resté à ce poste un an. Puis je suis quand même parti pour le Viêt-nam, dans les bureaux des services de renseignement. J'en suis revenu sain, sauf, et pas fou. J'ai considéré cela comme un miracle du Christ et j'ai voulu lui signifier ma reconnaissance. J'étais cependant convaincu que je resterais juif toute ma vie. Une conversion me paraissait impensable. Ma femme était catholique. Elle ne pratiquait plus et m'avait assuré qu'elle était prête à se convertir au judaïsme. Nous avions élevé nos deux premiers enfants dans la foi juive. Pourtant, je me sentais de plus en plus mal dans ma religion. Je ne pouvais oublier cette entrevue très libre avec le Christ. J'avais eu vraiment l'impression de rencontrer quelqu'un qui m'écoutait.

Alors j'ai décidé de faire baptiser nos trois enfants dans la religion catholique. J'avais tellement soif de comprendre cette religion que je les ai accompagnés au catéchisme. Ça ne me suffisait pas. J'ai suivi des cours d'exégèse et de théologie. Neuf mois plus tard, j'ai demandé le baptême. Ma femme s'y est opposée. Juif sur le point de devenir catholique, j'étais marié à une catholique sur le point de passer au judaïsme !

Tous les lundis soir, alors que je partais à mon cours de théologie, elle me demandait :

— Mais pourquoi as-tu besoin de cela ?

Et je répondais :

— C'est plus fort que moi, une soif irrésistible !

La religion catholique m'apparaissait très clairement comme l'aboutissement de ma foi juive. Le Christ était un Juif qui avait fondé l'Église de l'amour et de la miséricorde. J'avais besoin des sacrements de cette Église.

J'ai été baptisé en la vigile de Pâques 1987. Sur les trente-deux catéchumènes, j'étais le seul à ne pas être entouré de ma famille : je n'avais pu avouer cette conversion à mes parents. Au fil des mois, je suis devenu ministre eucharistique. Quant à ma femme, elle est progressivement revenue à la foi de son enfance. »

Où les frères croisent notre sœur la mort
et où frère Stan donne l'un de ses plus délicats concerts

« SEUL LE FOU dit qu'il n'y a pas de Dieu », murmure, l'air mystérieux, frère Robert. Le frère Chinois conte cette anecdote en épluchant les pommes de terre pour le dîner.

« Nous venions, frère Bob, Rich et moi, de prêcher une retraite de trois jours à Memphis. L'hiver était sévère cette année-là, des tempêtes de neige bloquaient le pays. Les mécaniciens de l'aéroport de Memphis avaient dû dégeler l'avion avec d'immenses lances à eau. Nous pûmes finalement partir pour New York.

Une dizaine de minutes après le décollage, frère Rich renifle.

— Tu ne trouves pas que ça sent le brûlé ? demande-t-il à Bob.

— Exactement, je n'osais pas te poser la question !

L'odeur s'accentue, les passagers se regardent avec inquiétude. L'un des frères appelle le steward :

— Vous... vous ne sentez pas le brûlé ?

— Le brûlé ? Non. Soyez tranquille, tout est OK... (Il renifle) Oh là là, mais bien sûr que ça sent le brûlé !

Il court vers le poste de pilotage.

L'équipage était en train de lancer un appel au calme lorsque les passagers aperçoivent une grosse boule de feu, par le hublot, sur l'aile gauche : un réacteur brûlait !

C'était la panique dans l'avion, se souvient frère Robert. Des cris, des hurlements ! Nous-mêmes, nous n'étions pas très fiers : il était fort probable que nous n'atterririons jamais à New York ! Sur ce, Bob, qui était à ma droite, me dit :

— Mon frère, tu peux me confesser en vitesse ? Et me donner l'absolution ?

Frère Stan continue de composer et de chanter. La vente de ses disques sert à aider les mères enceintes en difficulté et à payer les funérailles des pauvres.

— Pourquoi ? je lui demande naïvement.

— Mais pour mes péchés, Robert, pour tous mes péchés !

À ce moment-là, Rich, à ma gauche, se tourne vers moi :

— Pour moi aussi l'absolution, Robert ! Pour mes péchés ! Ne me demande pas de détails, ce sont les mêmes que Bob !

On a finalement réussi à se poser sans casse à New York. Un véritable miracle ! Nous étions vivants, et purifiés par le sacrement du pardon. Mais il nous a fallu cette belle frousse pour nous aider à comprendre que nous n'étions pas prêts à mourir ! »

Lors de sa visite hebdomadaire au Bronx Hospital, sœur Ann Lynn rencontre Joy, une jeune femme malade du sida, âgée de vingt-deux ans. Elle n'a plus que la peau sur les os. Des serpents et des dragons cracheurs de feu sont tatoués sur ses bras squelettiques. Un cancer la ronge et ne lui laisse aucun espoir. Cette homosexuelle hait l'Église. Elle est en train de mourir, elle le sait ; cette fatalité la révolte.

— Pas de curé, surtout pas de curé, crie-t-elle lorsque sœur Ann Lynn lui propose la visite d'un prêtre. Ces hypocrites qui se font du fric en enterrant les gens ! Tu entends, Ann Lynn : je veux que mon corps soit brûlé et qu'il parte en fumée !

— Tu ne veux même pas une bénédiction ?

— Jamais, répond Joy, jamais je ne donnerai un centime à l'Église pour un signe de croix !

— Même une bénédiction gratuite ?

— Ça ne sert à rien, ça ne m'évitera pas les flammes de l'enfer !

La religieuse lui parle néanmoins d'un ami prêtre, également musicien de jazz. Fan de musique, Joy accepte finalement de rencontrer cet étrange pasteur musicien.

— ... parce que j'aime le jazz, mais j'me fous du curé ! précise-t-elle.

La sœur rentre dare-dare au couvent, et cogne à la porte de frère Stan. Il s'apprête à partir deux jours à l'ermitage composer des chansons dans la solitude. Ann Lynn lui bloque l'issue :

— Joy est en train de mourir du sida. Tu es le seul prêtre qu'elle accepte de voir. Tu n'as pas le droit de l'abandonner...

— Étrange coïncidence, murmure Stan. Je viens juste de composer une chanson intitulée *Cause of our joy* (« La cause de notre joie »).

Sensible aux clins d'œil du Ciel, Stan suit aussitôt sœur Ann Lynn, sa guitare à la main. Une heure plus tard, il est au chevet de Joy.

— C'est toi le prêtre musicien de jazz ? demande-t-elle.

— Salut Joy, je voudrais te jouer une chanson qui s'appelle *Cause of our joy*. Je l'ai composée avant de savoir que je te rencontrerais. Surprenant, n'est-ce pas ?

Stan accorde la guitare et commence à jouer. Une chanson douce et tendre. La fille retient ses larmes. Le prêtre demande à sœur Ann Lynn de sortir.

— Joy, je ne suis pas venu ici pour te jouer de la musique...

— Je sais, curé !

— ... mais pour t'offrir la miséricorde de Dieu et t'entendre en confession.

— Jamais !

— Regrettes-tu tes péchés ?

— Va droit au but, qu'est-ce que tu veux ?

Stan inspire profondément et lui dit, en la regardant :

— Tu es arrivée au but, Joy. Pour toi, c'est la fin du voyage : la vie terrestre s'arrête ici. Dans quelques jours tu seras morte. Moi je viens te proposer, au nom du Christ Sauveur, de vivre. Laisse-toi aimer ! Laisse tomber tes griefs contre l'Église, les curés, ce n'est plus le problème. Regarde seulement ce Dieu qui te tend la main parce qu'Il t'aime...

Joy le laisse parler. Puis elle répond, calmement :

— Oui, je regrette mes péchés.

Sa confession est brève. Les infirmières entrent pour lui poser une perfusion. Stan l'embrasse et quitte la chambre. Peu après, Joy tombe dans le coma. Elle ne reprendra jamais conscience et mourra quinze jours plus tard.

Joy fut enterrée dans le New Jersey. La communauté homosexuelle qui accompagnait sa dépouille au cimetière ne comprit pas pourquoi son corps était habillé de blanc. Et pourquoi un jeune moine barbu, accompagné d'une religieuse, chantait devant sa tombe une chanson intitulée *Cause of our joy*.

Frère Terry fixe le crâne posé au pied de la statue de François d'Assise, dans l'église Saint-Crispin, et commence la célébration de la messe, ce matin-là, par cet avertissement solennel : « Veillez et priez en tout temps, afin que le Maître vous trouve à son service quand il frappera à la porte. Car vous ne savez ni le jour ni l'heure... »

Terry, dans son homélie, évoque cette messe qu'il célébra au sanctuaire marial mexicain de Guadalupe.

Au moment de lire l'Évangile, il voulut se lever mais n'y parvint pas. Il était incapable de quitter son siège, comme paralysé. Tremblant de tout son corps, il crut être frappé de malaise lorsqu'il réalisa que tout vibrait autour de lui : les bougeoirs, l'autel, les bancs, même les fidèles ! Les gens fuyaient l'église en criant. Lui, Terry, restait accroché à son fauteuil, au milieu du chœur, incapable d'un geste. L'église vacillait dans des grondements sourds, des briques chutaient du plafond, s'écrasaient au sol parmi les hurlements.

Après quelques interminables secondes, les secousses sismiques cessèrent. Les pèlerins commencèrent à rentrer dans le sanctuaire, avec prudence, lorsqu'un homme pointa soudain le bras, avec une expression terrifiée, désignant la tête de Terry. Le franciscain, toujours assis, leva les yeux au ciel : juste au-dessus de lui, un immense crucifix de bronze se balançait. Il ne tenait plus qu'à un fil ! D'un bond, il s'éjecta de son siège...

Frère Terry avait failli mourir assommé par la croix du Christ.

Les frères du Bronx n'ont jamais été braqués ni menacés de mort. Seul frère Robert a connu ce traumatisme au couvent capucin de Brooklyn.

C'est un après-midi d'été. Il étudie dans sa cellule, au troisième étage du bâtiment. Il entend des cris au rez-de-chaussée. Il descend l'escalier et reste interdit sur le palier du premier étage : un Noir, un fusil à la main, menace une vieille voisine, terrorisée. Cinq frères sont allongés à terre, les mains sur la tête. Apercevant Robert, le voleur bouscule la dame, bondit jusqu'au franciscain, lui colle le canon sur le front et menace, les dents serrées : « Maintenant, le gros, tu descends doucement, tu t'allonges à côté des autres, et tu fais pas le mariole, compris ? ».

Robert a compris. Le type est un drogué en manque, capable de la pire folie.

— Le fric, le fric ! se met-il à crier.

— Vous savez bien qu'on n'a pas d'argent, essaie d'expliquer un frère.

— Aaaaah, crie le gars, ivre de rage, en menaçant avec le fusil. Alors donnez les montres, les montres, vite !

Chacun se dépouille de sa montre.

« C'est le seul bien que je possédais, dit frère Robert : un souvenir de ma mère. Elle était pauvre et s'était saignée aux quatre veines pour m'offrir ce cadeau. J'y tenais... J'ai dit au Seigneur : "J'aimerais bien la garder, mais fais comme tu voudras !" Je la tends au braqueur. Il la regarde un instant et la jette à terre : "Je n'en veux pas de ta breloque, le gros, elle vaut rien ! Je veux de l'or, pas du toc, tu entends !" Il avait ramassé tous les bijoux mais criait encore : "Je veux des montres en or, viiiite !"

À ce moment-là, une porte s'ouvre au second étage, poursuit frère Robert. Quelqu'un commence à descendre. Le fou furieux se place en bas de l'escalier, pointe son fusil à pompe vers le nouveau venu. C'est frère Pancrace. Il a déjà été victime de trois hold-up avec violence ; il est épuisé, traumatisé. Le type le vise et hurle : "Couche-toi avec les autres, vite, et donne ta montre !" Pancrace semble ne pas l'entendre. Il continue de descendre les marches, lentement, comme un robot, s'approche de lui et essaie soudain d'attraper le canon du fusil. Le gangster crie, se dégage et tire. Le pauvre Pancrace est soulevé de terre et s'écrase contre le mur ! Le type prend ses jambes à son cou.

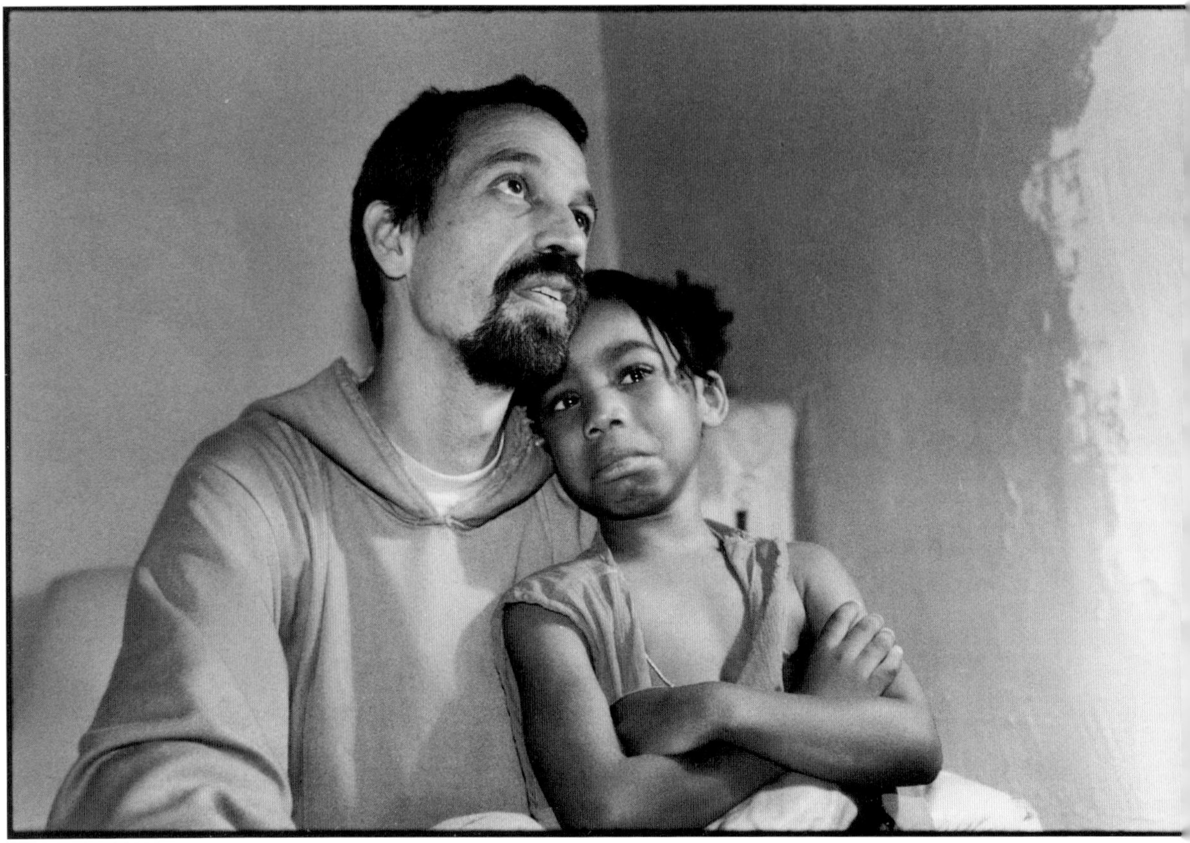

François-Marie console Chanty, 6 ans. « J'entendis alors une voix clamer, du trône : "Il essuiera toute larme de leurs yeux : de mort, il n'y en aura plus"... » (Apocalypse 21, 2-4)

Pancrace baigne dans une flaque de sang. Il respire encore. Je pose son visage sur ma poitrine, tout contre moi, et je lui murmure à l'oreille : “Si tu m'entends, mon frère, pardonne-lui. Jésus est mort pour toi, pour moi et pour lui...” Il cligne des yeux, le bon frère, puis il expire dans mes bras. Il a donné son pardon avec son dernier souffle. »

Rich et Michael devant un R.I.P. (Requiescat in pace : « Qu'il repose en paix »), sous une pub kitsch. Ces hommages posthumes sont peints aux endroits où des jeunes ont été assassinés.

Où un petit reporter français *se permet en guise d'envoi de pasticher le fioretto de la Joie parfaite* [1]

Comme le bienheureux François d'Assise rentrait de sa visite aux prisonniers de Rikers Island, sur l'île du Diable, au temps d'hiver, et que le froid très vif le faisait souffrir, il appela frère Luc qui marchait un peu en avant et parla ainsi : « Frère Luc, écris. » Celui-ci sortit son écritoire de dessous sa bure rapiécée et répondit :

— Me voici, je suis prêt.

— Écris, lui dit-il, ce qu'est la vraie joie. Arrive un messager qui dit que tous les évêques français et américains sont entrés dans l'Ordre franciscain ; écris : « Ce n'est pas la vraie joie. » Et que viennent de se convertir tous les prélats de la Curie romaine, archevêques et évêques, et non seulement eux, mais jusqu'au président des États-Unis et celui de la République française, écris : « Ce n'est pas la vraie joie. » Et s'il t'arrive encore la nouvelle que mes frères sont allés chez les musulmans et les ont tous convertis à la foi catholique, ou bien que moi j'ai reçu de Dieu assez de grâces pour guérir les malades et faire quantité de miracles ; et bien, je te le dis : cela non plus, ce n'est pas la vraie joie.

Et comme de tels propos avaient bien duré durant deux miles, frère Luc, fort étonné, l'interrogea :

— Père, mais qu'est-ce donc que la vraie joie ?

— Voilà : comme je reviens de l'aéroport JFK, la tempête de neige fait rage sur New York. Les avenues sont tellement paralysées

1. Ce passage est un pastiche du chapitre VIII des *Fioretti de saint François* intitulé : « Comment saint François, cheminant avec frère Léon, lui exposa ce qu'est la joie parfaite ».

par les encombrements et les bourrasques que je dois abandonner ma voiture sur la 67e Rue et continuer à pied, au milieu de la nuit et des congères, ce que nous faisons présentement. En chemin, je me fais bastonner sur les docks de l'East River par une bande de voleurs qui me détroussent. Je parviens à la fraternité Saint-Crispin, par ce temps d'hiver si rigoureux qu'au bas de ma tunique il s'est formé des glaçons qui me frappent sans cesse les jambes au point qu'elles sont blessées jusqu'au sang. Et moi, tout plein de boue, dans le froid et la glace, j'arrive à la porte et, après avoir longtemps frappé et appelé, je vois venir un frère qui demande : « Qui es-tu ? » Alors moi, je réponds : « Frère François. » Mais lui, il dit : « Va-t'en, tu me racontes des bobards. Et puis ce n'est pas une heure pour arriver, tu n'entreras point. » Et comme, moi, j'insiste, le frère répond : « Va-t'en, tu n'es qu'un misérable, tu n'entreras point : nous sommes assez nombreux ici et nous n'avons nul besoin de toi. » Et moi, toujours à la porte, je dis : « Pour l'amour de Dieu, accueille-moi seulement cette nuit. » Mais lui, il répond : « Que non ! Va-t'en au *shelter* Padre Pio et demande-leur asile, s'ils veulent bien t'accueillir. »

Alors que je me rends au *shelter* Padre Pio, des policiers en patrouille m'aperçoivent. Pensant que je suis un délinquant qui s'enfuit, ils m'interpellent et m'enferment quelques heures dans une cellule glacée : « Ça t'apprendra à voler les honnêtes gens ! »

Couvert de bleus, transi, le nez saignant, je rampe jusqu'au *shelter* Padre Pio, et je sonne longuement jusqu'à ce que le frère de garde se réveille et demande, de l'autre côté de la porte : « Qui es-tu ? » Alors moi, je réponds : « Frère François. » Mais lui, il dit : « Va-t'en, tu mens, tu n'es qu'un vagabond. De toute façon, ce n'est pas une heure pour arriver, tu n'entreras point. Il n'y a plus de lit. Laisse les pauvres dormir ! »

Eh bien, si moi j'ai gardé ma patience et ne me suis point troublé, si j'ai supporté tout cela avec allégresse, en pensant aux souffrances du Christ béni, ô frère Luc, écris qu'en cela est la joie parfaite, la vraie vertu et le salut de l'âme.

Au Christ béni soit toujours honneur et gloire dans les siècles des siècles. Amen.

Épilogue

Cinq heures du matin.

L'aube est tiède sur mon cloître aérien. La voûte du ciel vire du noir au violet. L'obscurité se dilue. Bientôt, le soleil percera la nuit et frappera le sommet des buildings. La lumière descendra lentement jusqu'au sol, avant de se répandre dans le couloir des rues.

Tout à l'heure, je quitterai New-York, sans autre regret que d'abandonner des amis.

À vrai dire, je n'aime guère cette ville carrée, toute en parallèles et angles droits, dont l'horizon est vertical, et où tout semble bâti sur le modèle géométrique du lingot et de la carte de crédit.

Il est l'heure de rejoindre les frères à la chapelle pour l'office de Matines.

Bouffée délirante, hallucination tabagique ou vision inspirée ? Un Christ s'élève au-dessus de la Ville. Son visage ressemble à celui de l'icône du *Sauveur* de Roublev. Peut-être s'est-il décollé du chevet de l'église Saint-Jérôme ? Il prend vie. Se dresse, debout, les bras en croix, un pagne autour de la taille, le corps nu.

Est-ce le Christ de Saint-Crispin, de Saint-Damien, de Saint-Jérôme ?

C'est le Christ du Bronx.

Peut-être devient-on fou lorsqu'on vit trop longtemps dans ce quartier ? Ou bien est-ce un syndrome franciscain de voir Jésus partout ?

L'icône est vivante. Un Christ en chair, en os, en sang. Son corps irradie une clarté. L'aurore pointe son auréole derrière Hunts Point et Queens.

« Venez à moi, vous tous qui peinez et ployez sous le fardeau,
et moi je vous soulagerai (...) car je suis doux et humble de cœur. »
(Matthieu 11, 28-29)

Une procession monte du Bronx à la rencontre du Ressuscité. Une foule, surgie de la nuit des rues, s'élève vers Lui. Les personnages qui entourent la croix – Marie, l'apôtre Jean, Marie-Madeleine, le centurion – ne sont plus figés comme sur l'icône de Saint-Damien. Ils sourient, tendent leurs mains vers ce peuple qui jaillit des artères de misère et se range à leurs côtés, sous la protection des bras étendus.

Des hommes, des femmes, des enfants du quartier. Je reconnais, contre Marie-Madeleine, cette femme qui s'est balancée hier matin du toit de son immeuble, avec ses deux gosses. Et Valentine la courageuse. Les *homeless* du *shelter* Padre Pio se pressent entre saint Jean et le Christ. Daniel et ses collègues policiers sont postés contre le centurion avec quelques clochards, des dealers et des prostituées. À leurs côtés, Stan joue *Cause of our joy* sur sa guitare ; Terry, les mains noires de cambouis, porte un enfant juché sur chacune de ses épaules ; frère Bob, sa caravelle en allumettes sous le bras, pose la main sur l'épaule du vieux Dick ; Seraphim chante avec Marcus ; frère Robert, un tablier de cuisine sur sa bure, essuie une casserole, les yeux plissés de sourire ; le bon frère Andrew mène la procession ; frère Benedict tient son béret sur sa tête et répète : « Mes enfants, Dieu se sert des fous » ; frère Martin de Porrès et frère François-Marie soutiennent Manassa, chancelante, suivis de Ronald, boitillant, deux sacs de canettes sur le dos, et Frida la Joie, et Tom le pompier...

Des touches blanches émaillent ce tableau coloré : les saris des missionnaires de la Charité, les voisines du Bronx. Le père Raphaël, sœur Amy et sœur Simone, et leurs pensionnaires d'Abraham House, sont aussi du pèlerinage.

Le Christ semble dire à tous les hésitants, englués dans les marécages de la Ville :

« N'ayez pas peur. Venez à moi, je suis doux et humble de cœur. Venez, vous, les pauvres, les petits, vous tous qui pleurez. Je vais vous donner le repos et la consolation. »

Foule bigarrée, happée par la croix, baignée dans une lumière de gloire.

Peu à peu, ce peuple humain entre dans la fresque de l'amour et de la compassion. Il se fige et devient lui-même icône vivante pour l'éternité.

Des plaies du Ressuscité, de ses pieds, de ses mains, de son côté transpercé jaillissent des sources d'eau vive. L'onde lumineuse inonde les rues, coule le long des façades. La ville resplendit d'un nouvel éclat sous ce ruissellement de bénédiction.

Je n'entends plus les cris, les klaxons, les sirènes, ni la rumeur, ni le grondement sourd de cette Babylone.

Je suis happé à mon tour par l'icône de la Résurrection. Je m'élève dans cette prière. Je me laisse aspirer par la douce clarté. Je rejoins l'immense procession des pauvres.

Je m'éveille lorsque les premiers rayons du soleil frappent l'icône du Sauveur, sur le chevet de l'église Saint-Jérôme, au carrefour de la 138e Rue et d'Alexander Avenue.

Le Christ, vainqueur de la mort, sort du tombeau de la nuit.

Certains gestes d'amour permettent de sortir de la nuit.
Et c'est parfois l'obscurité la plus noire qui nous pousse vers la lumière.

Bernard médite dans l'ermitage de la forêt d'Orcharm. « Seigneur, c'est ta pauvreté qui me sauve, parce que dans ta pauvreté l'amour éternel a pu devenir homme, et devenir l'un de nous. » (Carlo Caretto)

Quelques prières
franciscaines

Prière pour la paix
de saint François d'Assise

SEIGNEUR, fais de moi un instrument de ta paix.
Là où est la haine, que je mette l'amour.
Là où est l'offense, que je mette le pardon.
Là où est la discorde, que je mette l'union.
Là où est l'erreur, que je mette la vérité.
Là où est le doute, que je mette la foi.
Là où est le désespoir, que je mette l'espérance.
Là où sont les ténèbres, que je mette la lumière.
Là où est la tristesse, que je mette la joie.

Ô Seigneur, que je ne cherche pas tant
à être consolé qu'à consoler,
à être compris qu'à comprendre,
à être aimé qu'à aimer.

Car c'est en se donnant que l'on reçoit,
c'est en s'oubliant qu'on se retrouve soi-même,
c'est en pardonnant que l'on obtient le pardon,
c'est en mourant que l'on ressuscite à la Vie.

Les trois nœuds sur la corde de reins symbolisent les vœux religieux – obéissance, chasteté et pauvreté – que les frères résument ainsi : « No money, no honey, one boss (par d'argent, pas de chérie, un seul patron). »

« Montre-moi ton visage car ton visage est beau. »
(Cantique 2, 14)

Prière des disciples de saint François

Attire-nous, bienheureux frère François, que nous soyons entraînés par ton exemple de sainteté. Comme tu le sais, nous sommes tièdes à cause de notre paresse, languissants à cause de notre oisiveté, à moitié vivants à cause de notre négligence. Ce petit troupeau te suit de ses pas hésitants. Nos yeux ne peuvent supporter les rayons éblouissants de ta lumière, toi miroir et modèle de perfection ; ne permets pas que nous, qui te ressemblons par nos vœux, nous ne te ressemblions pas par nos vies.

Saint père François, souviens-toi de tous tes fils et filles qui, entourés de dangers, suivent tes pas, malgré une grande distance. Donne-nous la force d'être fidèles. Purifie-nous pour rayonner le Christ. Remplis-nous de joie pour la partager. Prie pour que l'esprit de grâce et de prière soit déversé sur nous afin d'être humbles comme toi, d'observer la pauvreté que tu observais, d'être remplis de cette charité avec laquelle tu as toujours aimé Jésus crucifié, qui, avec le Père et l'Esprit-Saint, vit et règne pour toujours. Amen.

Cette prière est récitée par les frères et sœurs Franciscains du Renouveau après chaque célébration de l'eucharistie.

Louanges de Dieu

Tu es le seul Saint, Seigneur Dieu,
toi qui fais des merveilles !
Tu es fort, tu es grand,
tu es le Très-Haut, tu es le roi tout-puissant,
toi, Père saint, roi du ciel et de la terre.
Tu es trois et tu es un, Seigneur Dieu,
tu es le bien, tu es tout bien, tu es le souverain bien,
Seigneur Dieu vivant et vrai.
Tu es amour et charité, tu es sagesse,
tu es humilité, tu es patience,
tu es beauté, tu es douceur,
tu es sécurité, tu es repos,
tu es joie, tu es notre espérance et notre joie,
tu es justice, tu es mesure,
tu es toute notre richesse et surabondance.
Tu es beauté, tu es douceur,
tu es notre abri, notre gardien et notre défenseur,
tu es la force, tu es la fraîcheur.
Tu es notre espérance,
tu es notre foi,
tu es notre amour,
tu es notre grande douceur,
tu es notre vie éternelle,
grand et admirable Seigneur,
Dieu tout-puissant, ô bon Sauveur !

Bénédiction :
Que le Seigneur te bénisse et te garde ;
que le Seigneur te découvre sa Face
et te prenne en pitié !
Qu'il tourne vers toi son Visage
et te donne la paix !

Saint François écrivit cette prière pour chasser une tentation qui assaillait frère Léon.
(traduction du R.P. Damien Vorreux, o.f.m.)

Un goéland plane au-dessus de la plus grande prison du monde, Rikers Island, surnommée « l'île du diable », sur l'East River, entre l'aéroport de la Guardia et le Bronx.

Remerciements

Ma plus vive gratitude à tous ceux qui ont collaboré, d'une façon ou d'une autre, à la réalisation de cet ouvrage.

Tout spécialement à frère François-Marie, franciscain québécois de la fraternité de l'Emmanuel, qui m'a ouvert les portes linguistiques de ce *no man'slang* [1] du Bronx et m'a offert sans compter ses talents d'interprète ; à chacun des frères et des sœurs de la communauté des Franciscains du Renouveau pour leur accueil si fraternel durant ces trois séjours parmi eux ; à leur supérieur, frère Andrew Apostoli, et à frère Michael Kmiotek qui m'ont fait confiance ; à Alain et Danielle Noël qui ont eu l'idée de ce livre, et n'ont jamais renoncé ; à Florence Pesme qui aurait dû participer à sa rédaction et a préféré donner naissance à Camille – elle a eu raison ; à Cathy Brenti pour ses précieux encouragements et son attentive relecture ; à Damien-Guillaume Audollent, Étienne de Montety, Allen Caso, Geneviève Boucher et Hélène Badault pour leurs conseils ; à l'hebdomadaire *Famille chrétienne*, qui a publié le premier reportage en France sur les franciscains du Bronx, dont certaines de ces photos sont tirées ; au frère Marc Picard, prêtre capucin canadien, auteur de *l'Icône du Christ de Saint-Damien* (édité par la Casa Editrice Franciscana), remarquable étude théologique et profonde méditation spirituelle dans laquelle j'ai puisé sans vergogne ; à Sam Noble, pour la qualité de ses tirages.

Mon immense reconnaissance également à Valentine, Marcus, Eileen, Tom, Nancy, Michael, Mary du bord de la rivière, Freddy, Maltese, Luis... et tous ces amis du Bronx qui m'ont offert, outre des leçons de dignité et de courage, la joyeuse hospitalité des Pauvres.

---

1. *Slang* : argot.

Table des matières

Achevé d'imprimer sur les presses de Mame Imprimeurs à Tours (n°00022086)
Flashage numérique CTP
N° d'éditeur : 725
Dépot légal : Mars 2000